合理的配慮にも
活用できる！

アダプテッド・スポーツで誰もが主役の楽しい体育

池田千紗・安井友康・山本理人 ＝著

中央法規

はじめに

　各地で開かれているマラソン大会、人気のある大会に出場するためには、何倍もの抽選倍率に当選する必要があるものもあります。今では、このように人気のあるマラソン大会ですが、大会参加者の中には、「子どもの頃は、学校の授業でやったマラソンが嫌いだった」と言う人も多いようです。なぜ子どもの頃に嫌いだったマラソンが好きになったのか、きっと何か秘密があるはずです。

　マラソンに限らず、体育の時間が嫌いだったり苦痛に感じたりする子どもは少なくありません。とりわけ「運動が苦手」と感じている子どもは、身体を動かすことも嫌いになりがちです。

　また、ボールを使ったチームスポーツなどでは、「作戦会議」で、球技の得意な子どもにボールを集めたり、「下手な子ども」が活動の場を譲ったりする作戦が評価されることもあります。身体に不自由のある場合には、実技に参加できず見学や記録を中心に参加していることも多いようです。

　しかし、運動が苦手、嫌いという子どもや、障害があってみんなと同じようにスポーツや運動ができないという子どもこそ、体育を通して身体の動かし方を学び、動かすことが好きになるようにするのが、教科としての体育の本来の役割なのではないでしょうか。そうは言っても、このような授業を実際に行うのは難しいのが実情です。

　新しい学習指導要領では、「生涯にわたって心身の健康を保持増進し豊かなスポーツライフを実現するための資質・能力を育成すること」を目指すことが示されています。では、運動が苦手な子どもたちは、どうやったら身体を動かすことが好きになるのでしょうか。本来、子どもにとって楽しいと感じることが多いはずの運動が、なぜ嫌いになってしまうのでしょうか。

　体育の授業において、発達における多様な支援ニーズのある子どもが、楽しく活動に参加できるようになるために、指導者はどうすればよいのか。そのニーズの多様さゆえに答えは簡単ではありません。しかし、きっと手立てがあるはずです。

　本書は体育授業を展開する上で、多様なニーズを示す子どもの活動を考えるにあたって、少しでも楽しくその活動に参加できるようになるためのヒントを提示することを目指しています。

　作業療法士でもある池田、体育科教育が専門の山本、アダプテッ

ド体育・スポーツを専門とする安井が、それぞれの視点から、「体育が苦手という子どもが、より楽しく参加することができる」ようになるための考え方や、実際の工夫、配慮についてできるだけわかりやすく紹介しました。活動の内容によっては、これまでの体育の考え方からみて「現実離れしている」「体育にはそぐわない」と感じる場合もあるかもしれません。しかし、活動の多くは、筆者らの日頃の実践をもとにしたものや、インクルーシブ教育への移行が進む海外の取り組みから発想を得たもので、通常の学級でも実際に取り組まれているものがほとんどです。

　なお、本書は前半が理論編、後半が実践編という構成になっていますが、必ずしも理論編から読む必要はありません。興味のある単元や取り組みやすいテーマにあわせて、読み始めていただければと思います。また実践編は、「ベーシック」として活動の基本的な考え方や展開をおさえた後に、「アドバンス」としてさらに発展的な内容を考えられるように構成されています。また、個々の支援ニーズにあわせた活動について、できるだけ「特殊な教材・教具」ではなく、通常の学級でもそろえることができるような用具を紹介するよう配慮しています。

　運動技能の向上や体つくり、体力づくりを中心にした体育からちょっと離れて、「どうしたら授業が、活動が、楽しくなるか」という視点から読み解いていただければと思います。

　本書を手にした方々の取り組みによって、「運動が嫌い、苦手」と感じている子どもが、一人でも多く「体育が好き」「身体を動かすのは楽しい」と感じるようになることを願っています。そして、より多くの子どもたちが、学校卒業後も運動やスポーツを続けてくれるようになることを願っています。

　本書の執筆にあたってご協力いただいた、雨宮さん、小野さん、梅木さん、冨田さん、写真のモデルを引き受けてくれた北海道教育大学特別支援教育専攻の学生の皆さん、臨床活動に参加してくれている子どもたち、そして編集の労をお取りいただいた中央法規出版編集者の近藤朱氏に感謝申し上げます。

2022年9月　著者一同

合理的配慮にも活用できる！
アダプテッド・スポーツで誰もが主役の楽しい体育

【目次】

第1章

理論編

　これからの体育の授業では、「いま、ここ」にいるすべての子どもたちが、ルールや場を工夫しながら、「ワクワク・ドキドキ」するような「おもしろい世界」を「みんなでつくる（生成し、広げ、深める）」ことが大切です。

　子どもたちが運動・スポーツの楽しさやおもしろさを存分に味わうことができるように、「アダプテッド・スポーツ」の概念を取り入れた多様性を大事にする体育の授業のアイディアを紹介します。インクルーシブな体育を展開していくために、子どもが主体的に、参加者一人ひとりが相互理解を深めながら、「どうしたらおもしろくなるのか」をともに考え、活動を創る力を引き出すヒントにも触れています。

第1節 体育の基本的な考え方

❶ 体育で学ぶこと

文化としての「運動・スポーツ」を学ぶこと

　体育とは何を目指す教科でしょう。運動・スポーツを通した体力や運動能力の向上でしょうか。運動・スポーツを通した社会的スキル（ルールを守ることや協力することなど）の育成でしょうか。また、それはどのように学ばれるのでしょうか。このことを整理・確認するために、簡単にわが国の学校体育の歴史を振り返ってみましょう。

　19世紀以降に多くの国々で制度化された学校教育における体育の歴史を振り返ると、「強い兵士」や「有用な労働力」を生み出すための「体操：教師の模範と児童生徒の模倣・反復」が中心であり、子どもたちが主体となる「学び」はほとんど存在していませんでした。わが国においても明治期以降から第2次世界大戦の終結に至るまでの体育は、「身体の教育」と表現され、体操を中心とした「体つくり」が主な内容であり、子どもたちが何をどのように学ぶかという「学習」については、十分な注意が払われてはいませんでした。当時の体育においては、運動は「強健な身体」を生み出す単なる手段であり、子どもたちの興味・関心とは無関係に半ば強制的に行われていました。もちろん学校教育は、社会における「しくみ」である以上、社会が求める教育が実践されるのであり、当時の体育を単に否定しても意味はありません。むしろどのような社会がどのような体育を求めるのかということを理解した上で、今後の社会の変化と体育における学びのあり方を考えることが重要です。それでは、戦後のわが国では、社会の変化に伴い体育はどのように変化してきたのでしょう。また、これからの社会ではどのような体育が求められるのでしょう。

　戦後の体育は、大きく2つの時期に分けることができます。高度経済成長期と呼ばれる前半の時期は、社会の中で「強い兵力」としての身体は求められなくなりますが、「労働力」としての「強健な身体」は依然として求められ続けていました。当時の体育は、アメリカの教育（新教育、新体育）の影響を受け、科学的な根拠に基づく「体力の向上」が重視されるとともに民主的なプロセスで物事を決めること（グループ学習の活用）に重きが置かれるようになります。体育の内容は、体操に加えてチームスポーツなども多く導入され、作戦などを話しあう学習が広く普及しました。しかしながら、この段階でも運動は他の目的を達成するための手段であり、運動・スポーツ「そのもの」を学ぶことに大きな意味や

価値があるとは考えられていませんでした。運動・スポーツは、あくまでも合理的に体力を向上させたり、ルールの遵守や仲間との協力など社会的スキルの育成というような、他の目的を達成するための単なる手段にすぎなかったのです。

　高度経済成長期の収束から現在に至る時期は、脱工業社会といわれる時期であり、これまでのように単純に「身体」そのものが生産性の向上などに資する社会ではなくなりました。この時期は、生活も豊かになり、単にものを手に入れること（to have）から、どのように生きるか（to be）へと価値観がシフトし、余暇の充実や生涯にわたる生活のデザインが課題となりました。ここで求められる体育は、単なる「強健な身体の育成」や「社会的スキルの育成」ではなく、運動・スポーツという文化と多様に関わり、生活を豊かにするための力量形成が求められるようになったのです。ここでいう「文化」とは、「生活を豊かにするために工夫されたもの」という意味です。スポーツは行うことだけではなく、みる、支える、知る、つくるなど多様な関わりを生み出しながら、生活をより豊かにする大切な文化として捉えられるようになったのです。ここでは、運動・スポーツ「そのもの」に学ぶ意味があると考えられるようになりました。

　現在の体育では、運動・スポーツを文化として捉え、生涯にわたってその文化的価値を享受し続ける能力（文化的享受能力：生涯スポーツの実践力）を培うことが学びの中心と

図 1-1　わが国における社会の変化と体育の変遷

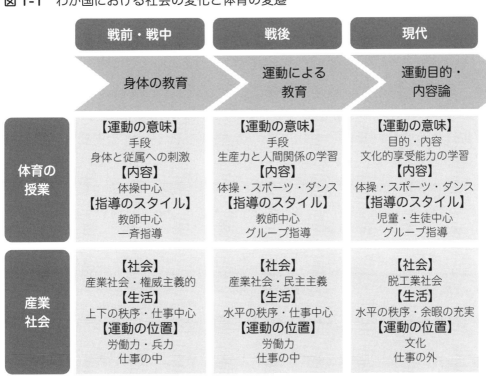

資料：佐伯年詩雄『これからの体育を学ぶ人のために』世界思想社，p.19，2006．をもとに筆者作成

図1-2　体育における「中心的目標」と「付随的・周辺的目標」

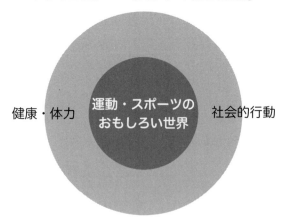

健康・体力　　運動・スポーツの　　社会的行動
　　　　　　　おもしろい世界

して位置づけられているのです。また、とりわけ小学校期においては、そのような能力の核を構築するために「運動・スポーツ」の「楽しさ」「おもしろさ」を存分に味わうことが重要だと考えられています。これらの言葉を使うと体育は楽しければ良いのか、おもしろければ良いのかという批判をされる方がいますが、ここでいう「楽しさ」「おもしろさ」とは、単に「楽しい雰囲気」「おもしろさを感じる雰囲気」で授業をデザインするという意味ではありません。その運動・スポーツが持つ「特性（その運動・スポーツでしか味わうことができない『ドキドキ・ワクワクする世界』）」に触れることを意味します。それでは、体力・運動能力の向上や社会的スキルの育成は、どのように位置づけられるのでしょう。

　鈴木は、体育の目標について「中心的目標」と「付随的・周辺的目標」という関係として捉える考え方を提示しながら、「現在そして将来の体育の目標は、『スポーツによる教育』と『スポーツにおける教育』をこのように関係づけることで考えられるということになる。この両者は、切り離されて別個に存在しているわけではなく、また、同次元の並列的な目標としてあるわけでもない。中心と周辺という関係を結びながら、体育授業がめざす目標を構成するのである」[1]と述べています。つまり子どもたちが主体的に運動に関わり、「おもしろい世界を存分に味わう」という「スポーツにおける教育」が成立して、はじめて他の教育目標（「スポーツによる教育」）は達成されると述べているのです。学校期、とりわけ小学校期においては、生活を豊かにする工夫（文化）としての運動・スポーツを生涯にわたって享受するための基礎的な能力を培うこと、そして、そのためには運動・スポーツのおもしろさを存分に味わうことが大切なのです。

「身につける」から「みんなでつくる」へ

　それでは、これからの社会はどのような社会なのでしょう。これからの社会は今まで以上に変化の著しい社会といわれています。Society 5.0 と呼ばれるこれからの社会では、

IoT ですべての人とモノがつながり、さまざまな知識や情報が共有され、今までにない新たな価値を生み出すことが期待されるとともに、これまでの知識や技術が簡単に陳腐化してしまう社会です。このような社会においては、単に技術や知識を身につけるのではなく、主体的に（自分で課題に気づいて）、仲間と協働して課題を解決する力をつけることが重要です。学校教育においても「コンテンツからコンピテンシーへ」という方向性と、「主体的・対話的で深い学び」が重視され、すべての教科において、このような「学び」のあり方が求められています。もちろん体育も例外ではなく、文化としての運動・スポーツを学ぶことを核としながら、課題に気づき、仲間と協働して課題解決に取り組む「学び」が求められているのです。体育においても、単に「与えられたもの」を「与えられた方法」で「身につける」のではなく、課題を見つけ仲間と協働して学ぶことが大切です。ここでは、小学校期の体育における学びのあり方について「関係論（かかわり）」という視点から考えてみましょう。

　「対話的学び」の理論を牽引する佐藤は、「学びは、対象（モノ、テクスト、題材、資料）との出会いと対話（世界づくり・文化的実践）、他者との出会いと対話（仲間づくり・社会的実践）、自分との出会いと対話（自分づくり・実存的実践）の三つの対話的実践として定義している」[2]と述べ、「話し合い」に矮小化された「対話」を批判的に捉えながら、「私たちは話し合い活動が重要だとは考えていない。むしろ体育科において尊重されるべきは『話し合い』の言語ではなく、体育の身体言語の『訊き合い』であり、その『学び合い』である」[3]と指摘しています。つまり、体育における「対話」とは、運動・スポーツという対象（場、ルール、道具を含む）、他者、自分自身と豊かに関わり、「おもしろい世界」を生成しながら、他者や自分自身への理解を深めていくことと捉えることができます。また、そこでは「アイコンタクト」や「動き出し」など、身体や運動を介した非言語的な「対話」が重要な役割を果たします。それでは「おもしろい世界」を生成するということについて考えてみましょう。

　さて、サッカーが大好きな人が「サッカーはおもしろい」という発言をしたときに違和感を持つ人はほとんどいないと思います。また、お寿司が大好きな人が「お寿司はおいしい」という発言をしても同様に違和感を持つ人はほとんどいないでしょう。しかしながら、よく考えてみるとある疑問が湧いてきます。「サッカーはいつでもおもしろいのか」「お寿司はいつでもおいしいのか」ということです。お寿司の話から先に考えてみましょう。どんなにお寿司が大好きな人でも「嫌いな上司」と二人きりで食べるお寿司はおいしく感じるでしょうか。落ち着かなくて食べた気がしないのではないでしょうか。次にサッカーについて考えてみましょう。「20 対 0」の試合を想像してみてください。この試合に参加した人たちは「おもしろかった」と感じるのでしょうか。「負けたチームの人は、大敗したのでおもしろくないと思うけれど、試合に勝ったチームの人たちは勝ったからおもしろ

かったのではないか」という意見もあると思います。でも本当にそうでしょうか。勝った側も「つまらない」のではないでしょうか。

体育における「かかわり」の重要性を主張した松田は、体育における「運動」を「1つの固有なおもしろい世界」と捉えることを提唱する中で、以下のように述べています。

> 階段を昇ったり、布団をあげるのも、やはり運動である。このとき、私たちは楽しかったり、おもしろいのだろうか。それは普通、とりたてて楽しかったり、おもしろいというものではないはずだ。ところが、階段昇りを友達と競争してみたり、布団をあげるのを夫婦で競争してみたりするとどうだろう。これは1つの遊びにかわるし、「楽しい」とか「おもしろい」運動になる。つまり、こういうことだ。体を動かす、ということ自体は、いわば無色透明な人間の行動である。言いかえると、単なる物理的な「運動」に過ぎないわけである。ところが、そこに他者とのある取り決めをかわす（ルールを創る）ことで「かかわり」が生まれ、さらには「階段」とか「布団」というモノが日常生活とは違った意味を持つ（遊び道具になる）ことでやはり「かかわり」が生まれ、単なる「運動」が遊びの性格を持ったおもしろい運動に創られていくわけである。それは単なる「体の動き」を超えた、他者とモノと自分とのかかわりの中にある時間や空間の全体のようなものだ[4]。

つまり、運動・スポーツの「おもしろさ」は、それを構成する人々やモノ（それを踏まえたルール）によって生成される「1つの世界（全体）」だということなのです。逆にいえば、構成する要素によって「おもしろい世界」は生成されない可能性があります（上司と食べるお寿司の例）。先ほど述べた「20対0」のサッカーの試合のように、勝っていても負けていても「つまらない」試合というのは存在します。サッカーは人類がつくり上げた「おもしろさ」を生み出す可能性のある文化ですが、いつでも「おもしろい」わけではないのです。それでは、運動・スポーツが「おもしろい」と感じる条件とは、どのようなものなのでしょう。簡単に言ってしまえば、「できるか（勝つか）」「できないか（負けるか）」がわからない状態ということになります。また、その結果に向けて技能を高めたり、仲間と協働したり、共感したりすることが「おもしろい」と感じる世界を広げたり、深めたりするのです。特に幼少期や小学校期は、子どもたちの発育・発達に配慮しながら、ルールや場を工夫して、力量の異なる子どもたちが一緒に「おもしろい世界」に没入できる「学び」のデザインが求められているのです。

実は、このような学びは決して新しいものではなく、日常生活の中では古くから存在していました。1960年代の空き地では、多くの子どもたちがルールを工夫しながら「おもしろい世界」を創造していました。筆者自身も、学校から帰ると軟式テニスのボールを自

図1-3 「世界としての運動の捉え方」とその広がり、深まり

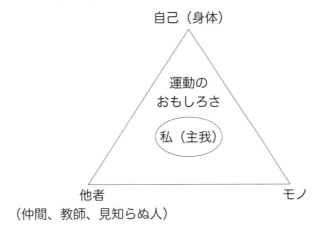

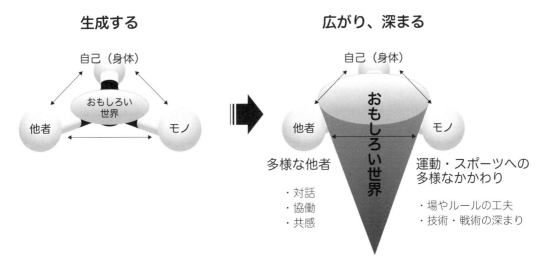

生成する　　　　　　　　　　広がり、深まる

多様な他者
・対話
・協働
・共感

運動・スポーツへの
多様なかかわり
・場やルールの工夫
・技術・戦術の深まり

資料：松田恵示・山本俊彦編『「かかわり」を大切にした小学校体育の365日』教育出版, p.5, 2001. をもとに筆者作成

転車のスポークに挟んで空き地に出向き、そこにいる仲間（異学年）でルールを工夫しながら「手打ち野球」を楽しんでいました。そこでは、力量の異なる子どもたちが、「低学年の子には下手投げ」というルールをつくったり、人数が少ないときは「透明ランナー（ランナーが足りなくなるとランナーがいるということにして打席に立つ）」というルールをつくったりしながら、野球という「おもしろい世界」を生み出していたのです。上手い子だけが得意になってボールに関わったり、まったく関わりを持つことができない子どもがいたりするような世界は、「おもしろい世界」としてはすぐに色褪せてしまいます。これからの体育では、運動技能や社会的スキルなどを「身につける」だけではなく、「今、ここ」にいるすべての子どもたちが、ルールや場を工夫しながら、「ワクワク・ドキドキ」するような「おもしろい世界」を「みんなでつくる（生成し、広げ、深める）」ことが大切なのであり、それこそが体育における「主体的・対話的で深い学び」の中心なのです。

❷ 新学習指導要領改訂（平成29年告示）のポイントと学習評価の進め方

新学習指導要領改訂（平成29年告示）のポイント

●改訂の経緯及び基本方針

　前述したとおり、これからの社会は今以上に変化の著しい社会であると同時に、新しい価値を生み出すことが求められる社会です。新しい小学校学習指導要領においても、「学校教育には、子供たちが様々な変化に積極的に向き合い、他者と協働して課題を解決していくことや、様々な情報を見極め知識の概念的な理解を実現し情報を再構成するなどして新たな価値につなげていくこと、複雑な状況変化の中で目的を再構築することができるようにすることが求められている」[5]とされ、主体的・対話的で深い学びを通した思考力・判断力・表現力等の育成が強く求められています。これからの社会では、持続可能な社会の構築に向けて、さまざまな課題と向きあい、それを解決していくことが求められているのです。SDGsという持続可能な社会の構築に向けた行動目標にも示されているとおり、それらは、地球環境に関する課題から人権問題に至るまで多種多様です。その中でも、人権に関わる「共生」というテーマについては喫緊の課題だと考えられます。

　文部科学省は、「『共生社会』とは、これまで必ずしも十分に社会参加できるような環境になかった障害者等が、積極的に参加・貢献していくことができる社会である。それは、誰もが相互に人格と個性を尊重し支え合い、人々の多様な在り方を相互に認め合える全員参加型の社会である。このような社会を目指すことは、我が国において最も積極的に取り組むべき重要な課題である」[6]とするとともに、「障害者の権利に関する条約第24条によれば、『インクルーシブ教育システム』（inclusive education system、署名時仮訳：包容する教育制度）とは、人間の多様性の尊重等の強化、障害者が精神的及び身体的な能力等を可能な最大限度まで発達させ、自由な社会に効果的に参加することを可能とするとの目的の下、障害のある者と障害のない者が共に学ぶ仕組みであり、障害のある者が『general education system』（署名時仮訳：教育制度一般）から排除されないこと、自己の生活する地域において初等中等教育の機会が与えられること、個人に必要な『合理的配慮』が提供される等が必要とされている」[7]としています。

　今回の小学校学習指導要領（体育科）の改訂においてもこのような視点を背景にしながら、具体的な内容が提示されています。

●体育科改訂の趣旨及び要点

　体育科改訂の趣旨においては、改善の具体的事項について、「全ての児童が、楽しく、安心して運動に取り組むことができるようにし、その結果として体力の向上につながる指導等の在り方について改善を図る。その際、特に、運動が苦手な児童や運動に意欲的でない児童への指導等の在り方について配慮する」とされるとともに、「オリンピック・パラリンピックに関する指導の充実については、児童の発達の段階に応じて、ルールやマナーを遵守することの大切さをはじめ、スポーツの意義や価値等に触れることができるよう指導等の在り方について改善を図る」[8]という内容が示されました。ここでは、「全ての児童が、楽しく、安心して運動に取り組むこと」や「パラリンピック」に関する指導の充実が示され、これまで以上に「共生」の視点が重視されています。また、体育科改訂の要点においては、「運動やスポーツとの多様な関わり方を重視する観点から、体力や技能の程度、年齢や性別及び障害の有無等にかかわらず、運動やスポーツの多様な楽しみ方を共有することができるよう指導内容の充実を図ること。その際、共生の視点を重視して改善を図ること」[9]が明記されました。

　さらに、指導計画の作成と内容の取扱いの改善においては、「障害のある児童などについての指導方法の工夫」という具体的な項目が示され、「障害のある児童などについては、学習活動を行う場合に生じる困難さに応じた指導内容や指導方法の工夫を計画的、組織的に行うことが求められる。また、障害の有無を超えたスポーツの楽しみ方の指導の充実として、合理的な配慮に基づき障害の有無にかかわらずスポーツをともに楽しむ工夫をする経験は、スポーツを通した共生社会の実現につながる学習機会である。学習指導要領で示される領域の内容は、『知識及び技能』、『思考力、判断力、表現力等』及び『学びに向かう力、人間性等』の内容との関連を図りながら、仲間の状況に応じてルールや場を工夫するなど、様々な楽しみ方や関わり方があることを学ぶ機会とすることなども考えられる」[10]とされています。

学習評価の進め方

●評価の観点

　体育における評価というと、「体力・運動能力テスト」に代表されるような「速い・遅い」「強い・弱い」「上手い・下手」というパフォーマンスを測定することを思い起こす人が多いのではないでしょうか。もちろんそのようなパフォーマンスも評価の対象ではありますが、体育における評価は、単に「体力・運動能力」を測定すれば良いというものではありません。そもそも「評価」とは、「学習の状況や能力の獲得状況を把握したり、価値づけたりすること」であり、学習（者）を丁寧に「みる（観る、見る、看る、視る、診る、他）」ことが大切です。体育の授業においても、「いつ」「誰が」「何を」「どのように」みるかを

考えることが重要です。

　それでは、「主体的・対話的で深い学び」を実践する上での評価の進め方について考えてみましょう。まず学習評価の進め方を考える上では、「体育科の目標」を理解しておくことが大切です。今回の改訂における体育科の究極的な目標は、「生涯にわたって心身の健康を保持増進し豊かなスポーツライフを実現するための資質・能力を育成すること」[11]とされています。また、ここで示された「資質・能力」とは、「知識及び技能（体つくりでは『知識及び運動』）」「思考力、判断力、表現力等」「学びに向かう力、人間性等」の3つを指すとしています[12]。これらの資質・能力は、育成すべきものを示す「目標」であると同時に「評価の観点（何をみるか）」を示すものでもあります。それでは、それぞれの資質・能力についてみていきましょう。

　「知識及び技能」は、「個別の事実的な知識のみを指すものではなく、それらが相互に関連付けられ、更に社会の中で生きて働く知識となるものを含むとされている。体育においては、この趣旨を踏まえ、運動の楽しさや喜びを味わったり、身近な生活で健康の保持増進をしたりするための基礎的・基本的な『知識及び技能』を踏まえて設定されている」[13]とされ、「各種の運動をその特性に応じた行い方について理解すること」「身近な生活における健康について理解すること（主として中・高学年）」「基本的な動きや技能を身に付けるようにすること」を具体的な内容として示しています。評価の観点としては、「体つくり運動系」「器械運動系」「陸上運動系」「水泳運動系」「ボール運動系」「表現運動系」という6つの運動領域において、それぞれの運動領域の特性を踏まえた運動の楽しさや喜びを味わい、行い方を理解するとともに基本的な動きや技能を身につけようとしているかということになります。

　「思考力、判断力、表現力等」は、「情報を捉えて多角的に精査したり、課題を見いだし他者と協働しながら解決したり、自分の考えを形成し伝え合ったり、思いや考えを基に創造したりするために必要な資質・能力である」[14]とされ、「運動や健康についての自己の課題を見付けること」「その解決に向けて思考し判断すること」「他者に伝えること」を具体的な内容として示しています。評価の観点としては、それぞれの運動領域において自分の課題や仲間の課題に気づき、思いや考えを伝えあいながら、仲間と協働して課題を解決しようとしているかということになります。

　「学びに向かう力、人間性等」は、「主体的に学習に取り組む態度も含めた学びに向かう力や、自己の感情や行動を統制する能力、自らの思考の過程等を客観的に捉える力など、いわゆる『メタ認知』に関するもの（学びに向かう力）と、多様性を尊重する態度や互いのよさを生かして協働する力、持続可能な社会づくりに向けた態度、リーダーシップやチームワーク、感性、優しさや思いやりなど（人間性等）から構成されている」[15]とされ、「公正に取り組む、互いに協力する、自己の役割を果たす、仲間の考えや取組を認める、

安全に留意するなどの態度」「健康の保持増進などに主体的に取り組む態度」「体力の向上を図るための実践力」「楽しく明るい生活を営む態度」を具体的な内容として示しています。評価の観点としては、主体的な取り組みと社会的なスキルに関わる行動がなされているとともに、「健康の保持増進」「体力の向上」「楽しく明るい生活」に向けた態度などが形成されているかということになります。

●評価の方法

評価というと教師が「みる」と考えている人も多いのではないでしょうか。もちろん教師が「みる」ことも重要ですが、「主体的な学び」においては、学習者自身による「自己評価」と学習者同士の「相互評価」が重要です。近年は、国の「ギガスクール構想」により、児童生徒1人当たり1台のタブレット端末が配布されている状況であり、このようなツールを活用した評価の方法がさまざまな領域で検討されています。とりわけ体育におけるパフォーマンス（技能など）や対話の様子を評価する場合には、活動を振り返るためのツールとしてタブレット端末はとても有効です。「百聞は一見にしかず」ということわざがありますが、自分自身で自分のパフォーマンスを確認すること（イメージとのズレを認識すること）や、戦術を決めるプロセスとその結果（チームパフォーマンス）をチームで確認することは、とても重要な評価活動になります。また、その際にルーブリックやポートフォリオを活用して良いアイディアを出したかなどで評価することも重要です。

ルーブリックとは、「絶対評価（目標に準拠した評価）のための判断基準表のこと」[16]であり、「縦軸に評価レベルを位置づけ、横軸に評価したい資質・能力の評価の観点と評価基準を置き、それらが交差するセルに文章で具体的なレベル別の判断基準を書き込んで並べた一覧表」[17]のことです。これは、子どもたちが自己評価、相互評価を進める上でも有用性の高いツールとなります。また、ルーブリックは、テスト形式での方法では評価が難しい観点を適切に評価することができるので、ディスカッションやグループワークなどで学習する「思考力、判断力、表現力等」といったパフォーマンスや、「学びに向かう力、人間性等」といった課題に取り組む姿勢を明確に評価できる点にその特徴があります。さらに、ルーブリックは評価する対象や内容にあわせて、判断基準と評価の項目数を調整することができるため、さまざまな学習の場に適した判断基準を設定することができます。

さて、人数が6人しかいないときにどのようにバスケットボールのおもしろさを味わったら良いでしょうか。1つのゴールを使って「3対3」でゲームを行うかもしれませんね。それでは10人の仲間がいて、その中に1人だけ「車いすを使っている人」がいたときはどうでしょうか。車いすを使っている人に特別な配慮（ルールや場の工夫）をしながらバスケットボールをすることも考えられます。しかし、これでは多くの人が「思い切り没入することができない」可能性もあります。一方で、「全員」が車いすでバスケットボールのおもしろさを味わうという方法も考えられます。後者は、車いすの人に特別な配慮をし

ながらバスケットボールをするのではなく、「車いすという道具を使ったバスケットボール」を障害の有無に関係なく全員が同じ条件でおもしろさを味わうという考え方です。

このような工夫の仕方は、「アダプテッド・スポーツ（スポーツに人をあわせるのではなく、人にスポーツをあわせる）」（本章第2節参照）という考え方ですが、評価においては、授業に参加している子どもたち自身が課題に気づき、工夫をして、その課題を解決していくプロセスに対してしっかりと「まなざし」を向けることが大切です。単に教師が「正解」を示すのではなく、子どもたちの試行錯誤に寄り添いながら、運動・スポーツの「おもしろい世界」を広げ、深める活動を評価することが求められます。体育における評価は、「パフォーマンス」のみに依存するのではなく、子どもたちの自己評価、相互評価を中心に、主体的・対話的で深い学びのプロセスを丁寧に「みつめる」ことが重要なのです。

【引用文献】
1）鈴木秀人・山本理人・杉山哲司・佐藤善人編著『小学校の体育授業づくり入門（第6版）』学文社，p.69，2021.
2）岡野昇・佐藤学編著『体育における「学びの共同体」の実践と探求』大修館書店，p.xv，2015.
3）同上，p.xvi
4）松田恵示・山本俊彦編『「かかわり」を大切にした小学校体育の365日』教育出版，p.4，2001.
5）文部科学省『小学校学習指導要領（平成29年告示）解説 総則編』東洋館出版社，p.1，2018.
6）文部科学省「特別支援教育の在り方に関する特別委員会報告1」2012.
7）同上
8）文部科学省『小学校学習指導要領（平成29年告示）解説 体育編』東洋館出版社，p.7，2018.
9）同上，p.8
10）同上，pp.15–16
11）同上，p.17
12）同上，p.19
13）同上，p.20
14）同上，p.21
15）同上，p.22
16）田中博之『「主体的・対話的で深い学び」学習評価の手引き ──学ぶ意欲がぐんぐん伸びる評価の仕掛け』教育開発研究所，p.60，2020.
17）同上，p.60
※以上、引用部分の下線は筆者加筆

【参考文献】
・松田恵示『「遊び」から考える体育の学習指導』創文企画，2016.
・岡野昇・佐藤学編著『小学校体育12ヶ月の学びのデザイン ──「学びのこよみ」の活用と展開』大修館書店，2019.
・鈴木秀人・山本理人・佐藤善人・越川茂樹・小出高義編著『中学校・高校の体育授業づくり入門（第2版）』学文社，2019.
・梅澤秋久・苫野一徳編著『真正の「共生体育」をつくる』大修館書店，2020.
・佐伯年詩雄『これからの体育を学ぶ人のために』世界思想社，2006.

第2節　アダプテッド・スポーツとは

❶　アダプテッド・スポーツの考え方

アダプテッド・スポーツとは

　アダプテッド・スポーツの「アダプテッド」については、比較的新しい概念であり、国際社会でも、これまでさまざまな定義づけが行われています。

　障害のある人々がスポーツを行う場合、用具やスポーツ施設、バリアフリー環境の整備など、その障害の特性にあわせてさまざまな工夫が求められます。アダプテッド・スポーツは、もともとアダプテッド身体活動（Adapted Physical Activity）という用語からきています。身体活動を通した自己実現を図ることを目的に、個々のニーズにあわせた用具や環境、ルールなどを工夫して、誰もが身体活動に参加できるようにするための取り組みを指します。その対象は、身体活動をする際に何らかの配慮が必要な個々の人々であり、障害児・者だけでなく、高齢者や妊婦、疾病者なども含まれます。ただし日本では、「アダプテッド身体活動」という概念を導入する際に、「アダプテッド」という用語になじみがなくイメージがしにくかったことから、広く使われている「スポーツ」と組みあわせ「ア

図 1-4　アダプテッド・スポーツとは

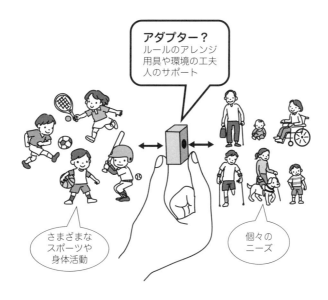

ダプテッド・スポーツ」をあてることが提唱されました[1]、[2]。アダプテッド体育とは、アダプテッド身体活動のうち、学齢期の子どもや学生などを対象としたものを指します。

　アメリカでは、1950 年代から 1960 年代にかけて、多くの障害のある子どもが学校に通うようになり、彼らのニーズにあわせて工夫された体育（アダプテッド体育）の必要性が高まりました。この「アダプテッド」の用語については、1952 年に「アメリカ健康・体育・レクリエーション協会（AAHPER）（現アメリカ健康・体育・レクリエーション・ダンス連盟（AAHPERD））」が、用いたことが記録されています[3]。

　アメリカでは 1975 年に、障害があっても支援や配慮を受けながら同世代の子どもの学習環境にできる限り近づける「最も制約の少ない環境において」、重度の障害も含め「すべての障害児に公教育を保障」した全障害児教育法が施行されるとともに、広く専門家の養成が行われるようになりました。現在の個別障害者教育法（IDEA）では、さらに「適切な教育」を保障する観点から、「個別の教育計画（IEP）」を作成する際に「それぞれの教育的ニーズにあわせた配慮や工夫によって、体育への参加を保障する」という考えのもとに、アダプテッド体育が行われています[4]、[5]。

　ちなみに、本来の「アダプテッド・スポーツ」は、パラスポーツ、障害者スポーツなどを含め、スポーツを行う際に何らかの制限がある人々の「生涯にわたるスポーツ」を指す用語として使われています。競技スポーツだけではなく、余暇やレクリエーションとして行われるスポーツやダンス、また高齢者や妊婦などの健康の維持・増進の他、リハビリテーションを目的としたスポーツなども含まれます。

　障害のある人々を含め、「すべての人のスポーツへの参加機会を保障する」ためには、医療や教育、福祉などの分野を超えた多角的な取り組みが必要となります。そのため、体

図 1-5　アダプテッド身体活動、アダプテッド体育とアダプテッド・スポーツの概念図

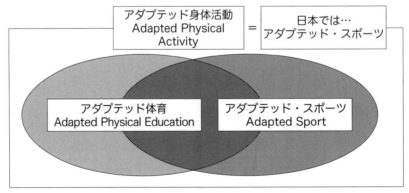

資料：Winnick, J. P., Porretta, D. L. ed., *Adapted physical education and sport, 6th Ed*., Human Kinetics, 2017., Sherrill, C., *Adapted physical activity, recreation, and sport : crossdisciplinary and lifespan, 6th Ed*., McGraw-Hill, 2004., 矢部京之助・斎藤典子「アダプテッド・スポーツ（障害者スポーツ学）の提言 —— 水とリズムのアクアミクス紹介」『女子体育』第 36 巻第 11 号，pp.20-25，1994.，矢部京之助・草野勝彦・中田英雄編著『アダプテッド・スポーツの科学 —— 障害者・高齢者のスポーツ実践のための理論』市村出版，2004. をもとに筆者作成

育・スポーツばかりではなく、心理学、医学、工学などの多様な分野からの取り組みが求められています。

「アダプテッド」の意味するもの

アダプテッド・スポーツのアダプト（adapt）は適応、応用という意味ですが、個々の心身の状態やニーズにあわせて工夫を行うことで、適応、応用されたスポーツとなります。その結果、障害など制約がある人々にとってはこれまで難しいと思われていたスポーツに参加できるようになることで、「どんなことでもできるのではないか」という発想の転換につながります。そして、もしできなければ、さらに「どのような工夫や環境整備を行えばできるのか」を考えるのです。アダプテッド・スポーツの考え方は、障害に関係なく個に応じた生き方を保障し、それぞれの自己実現に結びついています。つまりアダプテッド・スポーツは、ありのままの自分を受け入れることから始まるものといえるでしょう。

アダプテッド・スポーツは、こうした価値観の逆転が生まれると同時に、自分の身体の状況をネガティブなものとして捉える考え方から解放されることにもつながります。つまり、「障害があるからできない」という思いこみを解放するものとなります。そして、もともと身体的リハビリテーションとして取り入れられるようになった障害者のスポーツ活動（パラスポーツ）についても、障害受容や社会適応の効果が期待されるとともに、自己実現や余暇活動の充実に向けたスポーツへと発展しています。

アダプテッド・スポーツ参加に伴う効果と影響

表1-1はアダプテッド・スポーツを体験した際の効果と社会的影響についてまとめたものです。まず参加した本人への身体的効果として、発育・発達の刺激、運動や動作の発達、運動経験、身体活動量の増加と肥満の予防など健康の保持・増進があげられます。また、

図1-6　アダプテッド・スポーツとは

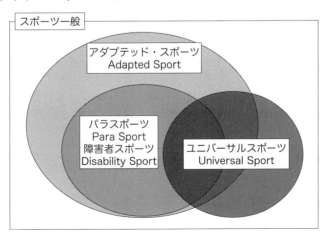

表 1-1　アダプテッド・スポーツの効果と社会的影響

身体的効果	心理的効果	社会的効果	社会の変化
・発育・発達の刺激 ・運動発達 ・筋力向上 ・関節可動域の拡大 ・呼吸循環器系への刺激 ・持久力の向上 ・補助具・補装具等の操作スキルの向上	・肯定的自己概念 ・自己効力感 ・自信 ・自尊感情 ・欲求不満耐性の向上 ・コミュニケーション能力の向上 ・社会性の向上 ・生きがい ・自己実現 ・幸福感	・社会的活動範囲の拡大 ・社会的活動経験の増加 ・人間関係の広がり ・コミュニケーション機会の増加	・障害の認知 ・障害観の変化 ・「障害者という集団」から個々の人への認識の変化 ・環境／インフラ整備への取り組み
・リハビリテーション効果 ・健康の保持・増進	・障害の受容 ・生きがいの回復	・関係性の再構築	・ポジティブな障害像への変化

資料：安井友康「アダプテッド・スポーツの心理・社会的効果」『作業療法ジャーナル』第 42 巻第 9 号，pp.915-919，2008.
　　　を一部改変

心理的効果として、肯定的自己概念の形成や自己効力感、自信と自尊感情、欲求不満耐性、コミュニケーション能力、社会性などの向上、生きがいや自己実現、幸福感などにつながります。さらに社会的効果として、社会的活動範囲の拡大、社会的活動経験の増加、人間関係の広がり、コミュニケーション機会の増加などがあげられます。一方、社会の変化として、「障害や多様なニーズを知る」ことにつながるとともに、障害観の変化や集団としての障害者ではなく、個々の人の「特性」としての理解につながることが期待されます。

自己概念の変化

アダプテッド・スポーツを通した自己実現の循環回路についても指摘されています[6]。アダプテッド・スポーツを始めると、例えば、「大会に出場してみたい」といった夢や目標が生まれ、それを達成しようとする努力や工夫が生まれます。その結果、ささやかではあっても、夢や目標が達成されます。すると達成感や成就感が生じ、「自分もやればできる」という自信とともに、自分の存在を肯定する自尊感情が高まっていきます。それが意欲や向上心につながり、内発的な動機づけを高めるとともに、次の新たな目標に挑戦したくなるという回路ができるというものです。その過程で、社会との関係や生活圏の拡大も図られていきます。このような循環は結果として生きがいや自己実現といった QOL（人生や生活の質）の向上につながるものとなります。

❷ 共生社会と体育 ─インクルージョンという理念─

障害者権利条約とインクルージョン

2006 年、国際連合（以下、国連）は障害者の権利に関する条約（障害者権利条約）を採択しました（2008 年発効）。障害者権利条約は、ベースとなる考え方として、インクルージョンの理念があげられています。インクルージョンの理念は、単に「障害者と健常者がともに暮らす社会」というだけではなく、社会はもともと多様な人が集まって（包括されて）、ともに生活しているものであるという考えに基づいています。障害のある人を含めた社会が「本来の通常な社会（ノーマルな社会）である」というノーマライゼーションの考えに沿ったものといえます。そのため社会や学校など、さまざまな場面でインクルージョンが進められようとしています。

国連の障害者権利条約では、その第 30 条において「文化的な生活、レクリエーション、余暇及びスポーツへの参加」を保障し「障害者があらゆる水準の一般のスポーツ活動に可能な限り参加することを奨励し、及び促進すること」とされています。世界の国々がその普及発展に努めることが求められています。

一方、日本における障害のある人々の日常的な身体活動については、そのほとんどが居住地周辺での散歩やウォーキングであることが報告されており、地域におけるスポーツ参加の機会を保障するための環境整備が求められています。

インクルーシブ体育

アダプテッド・スポーツの概念は、「障害などのある人がスポーツを楽しむためには、その人自身と、その人を取り巻く人々や環境をインクルージョンしたシステムづくりこそが大切である」[7]という考え方に基づいています。ノーマライゼーションの具現化や共生社会の実現を図るにあたり、インクルーシブな体育の実施が期待されています。健常児と障害児がともに行うインクルーシブ体育は、単に体育やスポーツを一緒に行うというのではなく、グループ編成やルール、道具などに配慮された環境で行うものだからです。このような「ともに行うスポーツ」を経験した子どもは、障害の有無にかかわらず「ともに生きる社会の一員」としての帰属意識を形成することにつながると考えられています。また障害のある人々にとっては、疎外感や劣等感の克服につながるものと考えられています。

ただし個別のニーズに対応したり、ルールや用具などの工夫がないまま、勝ち負けや競技成績などに重きが置かれた場合は、仮に「一緒に活動を経験」しても、能力の低いもの

を排除したり、攻撃したりする気持ちが生まれてしまう危険性があることにも留意する必要があります[8]。

　また、子ども自身が興味を持って参加できるように配慮されたアダプテッド・スポーツは、身体活動に対する積極的な取り組み意識の形成にもつながります。このような活動を体験した子どもは、「障害者という枠組み」ではなく、個々の子どもとして「社会でともに生きている仲間」であるという共生感を形成していくのです。

障害の構造的理解

　障害については、それぞれの人が持つ機能の障害や身体の構造的な部分に目が向けられがちです。しかし世界保健機関（WHO）は、2001年の国際生活機能分類（ICF）において、障害は健康状態をはじめ生活機能と環境という多面的、多層的に捉えられるとともに、それらの相互作用として構造的に捉えることを提案しました。

　例えば、知的障害のあるAさんが、体育などに参加する際の障害について考えてみましょう。「健康状態」としては、「熱を出しやすい」「風邪をひきやすい」などの様子がみられ、授業を欠席しがちでした。「心身機能・身体構造」では、知的機能の障害や筋力の弱さによる運動機能の低下などがみられました。「活動」では、スポーツ競技のルールなどの理解やボールの操作ができず、他の子どもと一緒にゲームに「参加」できない状況でした。「環境因子」では、周りの子どもに受け入れられていない様子がみられ、仲間に入れてもらえなかったり、担任教師にも「ともに楽しむための工夫」をしようとする態度がみられませんでした。「個人因子」としては、何ごとにも自信がなく消極的な態度がみられ、本人からも参加しようとしない様子がみられました。

　これらの障害状況は、相互に関連しあいながら、「障害の構造的状態像」を形成しています。健康状態についてみると、運動や活動が少ないことで体力の低下につながっていると考えられます。そこでアダプテッドな身体活動やスポーツを行うことで、体を動かす活動に参加できるようになれば、運動量の増加に伴って体力がついてくるかもしれません。

図1-7　国際生活機能分類（ICF）の構造モデル（WHO）

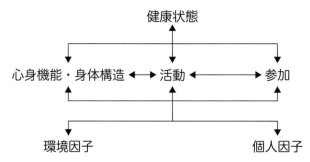

出典：障害者福祉研究会編『ICF 国際生活機能分類——国際障害分類改定版』中央法規出版，p.17，2002.

周りの子どもたちが体育やスポーツへの参加を応援するような、肯定的な態度で接したり、教師が運動に参加できるような配慮をしたりすれば、それらの活動に参加できるようになるかもしれません。このようにさまざまな工夫をすることによってゲームなどに参加できれば、認知能力や理解力、コミュニケーション能力、さらには知的な機能にも影響があるかもしれません。また、活動への参加に伴い自信がついたり、楽しい活動に出会えたりすることによって、活動に積極的に参加する態度も生まれるかもしれません。このように、それぞれの障害は単独で生じているわけではなく、相互に関連しあいながら生じているものとして捉えるようになってきています。

環境との相互作用

　障害のある子どもの場合、運動経験ばかりではなく、保護的な環境に伴う依存的傾向の強さやフラストレーショントレランス（欲求不満耐性）の低下、社会的活動、生活経験の量的不足などの発達課題が生じることがあります。さらに、未熟な運動スキルのために失敗経験を繰り返すことで自信を失い、身体活動に対する消極的な態度を助長するという悪循環を生み出すこともあります。こうした背景から自分に対する評価が低く、ネガティブな自己概念を形成しやすいことが指摘されています。また、幼児期からの運動・ゲーム遊びの参加機会が少ない場合、対人関係や社会性の発達にも影響が生じる場合があります。

　アダプテッド・スポーツによる楽しい運動体験は、活動に対する積極的な態度を形成し、矮小化された自己概念の修正につながると考えられています。さらに自己の身体をコントロールすることができるようになることから、自己効力感が生まれます。このように、障害のある人々にアダプテッド・スポーツへの参加を保障することは、発達保障の観点からも重要な意味を持つのです。

図 1-8　「上手くできない体験」による二次障害と循環関係の転換

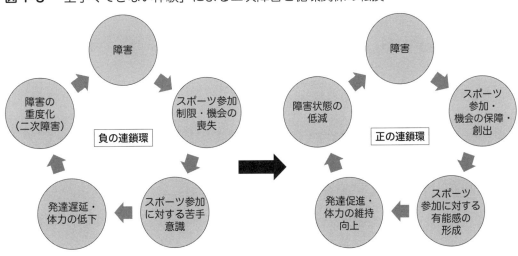

❸ 合理的配慮の視点

合理的配慮とは

2006 年の国連総会で採択された障害者権利条約では「合理的配慮（reasonable accommodation）」という考え方が示されました。例えば、障害のある人が地域や学校で他の人々と同じようにスポーツに参加したいと思ったときには、基本的にその参加を保障することが必要であるとされたのです。ただし、過度な変更（例えば、施設の建て直しや医療施設の併設など）が必要となる場合は除くとされています。

これを受けて日本では、障害を理由とする差別の解消の推進を目的に、障害を理由とする差別の解消の推進に関する法律（障害者差別解消法）が 2016 年に施行されました。「全ての国民が、障害の有無によって分け隔てられることなく、相互に人格と個性を尊重し合いながら共生する社会」の実現を目指しています。また、2021 年の法改正により、事業者の合理的配慮は努力義務から法的義務となりました。学校教育における多様な場においても、体育・スポーツを含めたインクルーシブな教育環境と個々のニーズに対応した合理的な配慮が求められています。

表 1-2　障害者権利条約（第 2 条）における合理的配慮（reasonable accommodation）

> 「合理的配慮」とは、障害者が他の者との平等を基礎として全ての人権及び基本的自由を享有し、又は行使することを確保するための必要かつ適当な変更及び調整であって、特定の場合において必要とされるものであり、かつ、均衡を失した又は過度の負担を課さないものをいう。
>
> 国際連合は 2006 年採択、2008 年発効。日本は 2014 年批准

表 1-3　障害者差別解消法（第 7 条・第 8 条）における合理的配慮

> **行政機関等・事業者に求められる対応**
> 障害者から現に社会的障壁の除去を必要としている旨の意思の表明があった場合において、その実施に伴う負担が過重でないときは、障害者の権利利益を侵害することとならないよう、当該障害者の性別、年齢及び障害の状態に応じて、社会的障壁の除去の実施について必要かつ合理的な配慮をしなければならない。
>
> 2016 年施行、2021 年一部改正

体育における合理的配慮の例

　表1-4は障害に応じた体育における合理的配慮の例を示したものです。これはあくまでも一部の例示であり、その他に個々のニーズに応じて多様な対応があることに留意する必要があります。なお、これらの配慮は、本人の要望や申し出に基づいて実施されるのが基本です。ただし、要望を伝えたり申し出を行ったりする機会を保障することが求められます。また要望に対しては、一見「受け入れるのは難しい」と思われる場合でも、できる限り「現実的な解決方法を模索する」ことが求められています。

　弱視や盲、色覚など視覚の障害では、音による合図、見やすいサインや表示、点字などによる情報伝達方法を工夫することで、活動に参加できるような配慮を行います。また、難聴やろうなどの聴覚障害では、説明の際に口元の動きがはっきりわかるような工夫や、視覚的な合図や説明、手話、FM方式の無線マイクの利用などがあります。脳性麻痺などの運動障害では、各種の補助具・補装具、その他の機器の利用など、状態に応じてルールの変更や時間の延長なども検討します。脊髄損傷や欠損などでは、補装具、クラッチ（杖）、車いす、各スポーツ用の車いす等の利用の他、ルールの変更なども検討します。

　病弱・虚弱や各種慢性疾患などの内部障害の場合は、医療との十分な連携が求められます。医療者の参加時間の調整、参加形態の工夫などを行うことで、当事者の参加を可能にする場合もあります。知的障害では、わかりやすいルールや活動の説明、ルールや活動内容の変更などの他、障害に応じた課題の工夫や健康面への配慮なども求められます。

　ASD（自閉スペクトラム障害）では、活動内容などをあらかじめ視覚的に提示することで（視覚的処理能力が優位の場合）、活動の見通しが持てる情報伝達の方法を検討したり、ゲーム中の振る舞い方や対応方法、リアクション方法などを具体的に教示したりすることでゲームへのスムーズな参加を促すなどの配慮が求められます。

　ADHD（注意欠陥・多動性障害）では、逸脱行動などを叱らずに落ち着くまで待ったり、どのような行動をしたら良いか考える時間をつくったりするなどの工夫が必要な場合があります。LD（限局性学習障害）では、例えば読字障害などの場合、マニュアル理解やルール説明の際に読んで伝えたり、図にして伝えたりするなどの工夫が有効な場合があります。また計算が苦手な場合は、点数などのフィードバックの際に、数字の代わりに量的な指標を用いたりすることが有効な場合もあります。

　DCD（発達性協調運動障害）などの運動に不器用さがみられる場合には、課題の失敗経験を重ねないように「発達にあわせた課題」の設定、運動能力にあわせた運動経験、認知特性や意欲への配慮などが求められます。また、精神障害では心身への負荷がかからない時間的配慮、活動内容の工夫、状態にあわせた声かけやニーズの受容などが求められることもあります。

表1-4　障害に応じた体育における合理的配慮の例

障害区分	配慮の例
視覚障害	音による合図、見やすいサインや表示、点字による表示
聴覚障害	口元が見える、視覚的な合図や説明、手話、無線マイクの利用
運動障害 （脳性麻痺）	補助具・補装具、車いす、その他の機器の利用、ルールの変更、時間延長、段差の解消
運動障害 （脊髄損傷や欠損など）	補装具、クラッチ（杖）、車いす、各スポーツ用の車いす等の利用、ルールの変更、段差の解消
内部障害（病弱・虚弱）	フレキシブルな活動への参加時間の調整、参加形態の工夫
知的障害	わかりやすいルールや活動の説明、ルールや活動内容の変更、障害に応じた課題の工夫、健康面への配慮
ASD （自閉スペクトラム障害）	活動内容の視覚的（特性にあわせた）提示、活動の見通しが持てる情報提示、対応方法やリアクションの具体的教示と学び
ADHD （注意欠陥・多動性障害）	逸脱行動などを叱らずに落ち着くまで待つ、どのような行動をしたら良いか考える時間をつくる
LD （限局性学習障害）	マニュアル理解、ルール説明時の配慮、点数などのフィードバックの工夫
DCD （発達性協調運動障害）	課題の失敗経験を重ねないように発達にあわせた課題の設定、運動能力にあわせた運動経験、認知特性や意欲への配慮
精神障害	心身への負荷がかからない時間的配慮、活動内容の工夫、状態にあわせた声かけ、ニーズの受容

パラスポーツに学ぶアダプテッドの工夫

　パラリンピックをはじめとした障害者のスポーツ（パラスポーツ）には、個々の身体特性などに対応したさまざまな工夫がみられます。これらは、通常の学校でアダプテッド体育を実施する際にもさまざまなヒントを与えてくれます。本章第1節でパラリンピックに関して触れましたが、ここでは、パラリンピック競技等のパラスポーツにみられるルールの配慮や工夫の例を取り上げながら、体育へのアレンジについて考えてみましょう。

　「持ち点制」は、車いすバスケットボールやウィルチェアーラグビー（車いすラグビー）などで用いられている方法です。選手一人ひとりの障害状況に応じた「持ち点」があり、

出場メンバーの合計点数の上限を定めてチーム編成をします。障害の軽い選手ほど持ち点が高く設定されます。女子選手が加わった場合に、上限がプラスされることで、男女混合のチームで競技を行う工夫もあります。この制度は、障害の軽い選手だけによるチーム編成を防ぎ、重度な障害があっても選手として活躍できる機会を保障するものです。チーム編成をするにあたり、各チームの強さが均等になるような工夫をする際に採用されます。

「パーセンテージ制」は、アルペンスキーやクロスカントリースキーで採用されている順位決定の方法です。クラスごとに定められた係数を実際のタイムにかけて算出した「計算タイム」で順位を決めます。陸上競技や水泳などのタイムレースなどで、順位をつける際に応用できます。例えば、ラリー方式にして実タイムは遅くても勝つことができたり、実タイムの部門での順位とは別に、パーセンテージ制部門での順位をつけたりすることができます（第2章第3節❸参照）。

「コンバインド」は、競技人口が少なく、同一種目・同一クラスに一定数以上の参加人数がいない場合、複数のクラスを統合（コンバイン）して競技を実施するものです。一緒に競争はしても、それぞれのカテゴリーで順位づけするなどの工夫ができます。運動能力などが違っていても、みんなで楽しめる活動を考える際に参考となるでしょう。

「クラス分け（クラシフィケーション）」は、個人競技の多くで用いられており、障害の種類や程度などの医学的側面や、実施競技に関連する運動機能面などによって選手を区分し、そのカテゴリーごとに競技を行うようにするものです。車いす使用者と片足切断者、あるいは同じ車いす使用者であっても下肢麻痺者と四肢麻痺者など、障害の種類や程度が異なる選手が同じ種目で競いあうと競技力以外の要素で勝敗が決まるという不公平が生まれる可能性があることから取り入れられています。能力別のグループ編成などを行う際に参考となります。

「ガイドランナー（伴走者）」は、視覚に障害のある選手の「目」として伴走する選手のことをいいます。紐（50cm以内）や、声かけなどにより走路の誘導を行います。ただし、あくまで選手を主体としたサポーターで、戦術に関するアドバイスをしたり、選手を引っ張ったり、押したりすると失格になります。このような配慮は、視覚障害に限らず個別のサポーターをつけた活動をする際にも参考となるでしょう。また、触覚に過敏さがあって直接手をつなぐことが難しい場合などは紐を使ってガイドしたり、つながって活動をしたりすることもできます（第2章第8節❷参照）。

「パイロット」は、視覚障害部門の自転車タンデム種目で、前シートで競技をする選手のことをいいます。多くの場合、健常者がパイロットを務めますが、ガイドランナーのようなサポーター的な位置づけではなく選手として参加します。1人が目隠しをした2人1組での競争など、アレンジすることもできるでしょう。また個々の特性に応じた役割分担をすることで、チームとしての総合力を発揮できるような工夫につなげることができます。

これらの工夫を実際に体育の授業などで行う際には、それぞれの考え方を組みあわせることで、よりアダプテッドな活動の幅が広がっていきます。

表 1-5　パラスポーツ競技に用いられている工夫

持ち点制
- 車いすバスケットボールやウィルチェアーラグビーなどで用いられている
- 選手一人ひとりの障害状況に応じた「持ち点」があり、出場メンバーの合計点数の上限を定めてチーム編成を行い、競技を実施する
- 障害の軽い選手ほど持ち点が高く設定される
- 女子選手が加わった場合に、上限がプラスされる（ウィルチェアーラグビー）
- 障害の軽い選手だけによるチーム編成を防ぎ、重度な障害があっても選手が活躍できる機会を保障する

パーセンテージ制
- アルペンスキーやクロスカントリースキーで採用されている順位決定法
- クラスごとに定められた係数を実際のタイムにかけて算出した「計算タイム」で順位を決定する

コンバインド
- 競技人口が少なく、同一種目・同一クラスに一定数以上の参加人数がいない場合、複数のクラスを統合（コンバイン）して競技を実施する

クラス分け（クラシフィケーション）
- 障害の種類や程度などの医学的側面や実施競技に関連する運動機能面などによって選手を区分し、そのカテゴリーごとに競技を実施する

ガイドランナー（伴走者）
- 視覚に障害のある選手の「目」として伴走する選手のこと
- 紐（50cm以内）や、声かけなどにより走路の誘導を行う
- 選手を主体としたサポーターで、戦術に関するアドバイスをしたり、選手を引っ張ったり、押したりすると失格になる

パイロット
- 視覚障害部門の自転車タンデム種目で、前シートで競技をする選手のこと
- 多くの場合、健常者がパイロットを務める
- サポーター的な位置づけではなく選手として参加する

❹ アダプテッドな体育授業を考える

多様性を大事にする体育授業の展開

　障害を含めて個々の多様性を大切にする体育授業では、一緒に活動するためにどのような工夫が必要かを子どもとともに考えることが求められます。教師が一方的に考えて教えるのではなく、参加者にアイディアを募るなど、子ども自らが考えることが重要です。このような経験は、生涯スポーツとして、学校卒業後にも地域でスポーツに親しむ際の基礎的な態度や経験にもつながります。障害のある人々のスポーツ活動への参加について、「できない」「難しい」といってやらないのではなく、「できる方法を考えよう」とする気持ちを培うことにつながるのです。

　通常のクラスにも、みて学ぶことが苦手な子ども、聞いて理解するのが苦手な子ども、見通しが持てず不安になる子ども、負けたり上手にできないとパニックを起こしたり暴れたりする子ども、動きの習得が極端に苦手な子ども、麻痺などはないのに動きがぎこちない子どもなど、多様な特性を示す子どもがいます。

　その際、表1-4の「障害に応じた体育における合理的配慮の例」で示した対応の工夫とともに、発達の状態や個々のニーズにあわせて課題や活動を設定することが求められます。

スモールステップ—キャッチボールを例に—

　ボール遊びの基本的な活動として、2人でやりとりをする「キャッチボール」があげられます。このキャッチボールを例に、スモールステップ（子どもの発達にあわせたきめ細かい課題設定）と合理的配慮について、考えてみましょう。

　キャッチボールは、ボール運動の基本的な動きであることから、すぐにこれから始めようとする場合があります。しかし、子どもによっては通常のキャッチボールに難しさを感じていたり、怖さを感じている場合があります。この段階でボールに対する苦手意識を持ってしまうと、ボールを使ったさまざまなゲーム遊びやスポーツ競技への参加が制限されたり、楽しくなくなってしまいます。

　そうしたときに、活動の楽しさを十分に感じられるように工夫して参加できるようになると、その後も適時、自分の発達レベルにあわせた活動を選択できる力が身につきます。このような経験は、活動に向かう際の自信にもつながっていきます。

　キャッチボールは、その準備段階として、ボールの大きさ、重さ、硬さなどを子どもの身体の成長度（身体の大きさや手の大きさ、筋力など）、ボールを使った活動の経験、運動スキル、発達の状態、本人の好みなどにあわせて選択します。選択の際には、子ども自身の自己決定にも配慮します。

ボールの選択には、スポンジボールや柔らかい素材のゴムボール、軟質プラスチックの
ボールの他、風船やビーチボールなどを含めて考えることで、スピードやキャッチしたと
きの衝撃の度あいを調整できます。特に発達の初期段階の子どもや、ボール運動に苦手意
識を持つ子どもについては、安心して活動ができる素材を選択することが重要です。

なお、風船は「割れたときの音が怖い、苦手」という子どももいますので、注意が必要
です。できるだけ割れにくいものを用意するとともに、使ったら早めに交換するようにし
ましょう。

実際にキャッチボールをする際は、ステップを踏んでボールに慣れさせていきます。最
初のステップ1は、手渡す（座位／立位）、手のひらに乗ったボールを取る、手のひらの
上にボールを落とすなど、点から点への受け渡しで確実に渡す段階です。次のステップ2
では、転がす（座位／立位）、転がすスピードを速くする、距離を離すなど直線的（一次
元）な受け渡しをします。さらに相手の左右に向けて転がす、相手の左右にスピードを変
えて転がすなど、面としての幅（二次元）を使った活動に発展させていきます。ステップ
3では、バウンドさせて渡す（座位／立位）、下手投げで渡す、上手投げで渡す、距離を

表 1-6　ボールを使った活動の基礎：キャッチボールまでのステップ例

レベル	動き	使う空間
準備	ボールの大きさ、重さ、硬さの選択	
ステップ1	手渡す（座位／立位）	点
	手のひらに乗ったボールを取る	
	手のひらの上にボールを落とす	縦の線（一次元の動き）
ステップ2	転がす（座位／立位）	横の線（一次元の動き）
	転がすスピードを速くする	
	距離を離す	
	相手の左右に向けて転がす	面（二次元の動き）
	相手の左右にスピードを変えて転がす	
ステップ3	バウンドさせて渡す（座位／立位）	立体（三次元の動き）
	下手投げで渡す	
	上手投げで渡す	
	距離を離して投げて渡す	
	スピードを変えて投げて渡す	

離して投げて渡す、スピードを変えて投げて渡すなど三次元の空間を使った受け渡しへと発展させることで、ボールが苦手という場合でも、いずれかの段階でボールを使ったキャッチボールを楽しむことができます（第2章第7節参照）。

課題の調節と動きの自由度

　動きの自由度を下げて課題を調整する方法もあります。例えば、ボウリングのガターをなくすために、サイドにガイドレールなどを置くことで溝に落ちないようにする工夫があります。同じように、ボールを転がすときに両側に枠などを設置することで一定以上ボールがそれないように課題を調整します。この方法は、例えば視覚障害者の卓球（サウンドテーブルテニス）などで用いられています。こうした課題のアレンジにより、「できる」を経験するとともに、「次の難しさ」に挑戦していく気持ちが生まれます。そして、「できるかできないか」という「ぎりぎりの難しさ」の課題は、子どもにとっておもしろく感じることから、できるようになるまで飽きずに繰り返したり、自ら進んで課題に挑戦したりする気持ちが生まれます。ここでは、ボールを用いた運動を例に、スモールステップや自由度の制限による、活動の最適化について説明しました。

　他にも、蹴る、ドリブルをする、跳ぶなどの基本的動作について多様なスモールステップを設定することで、楽しい活動に変化させることができます。子どもが「もっとやってみたい」と思える活動にすることが重要なのです。さらに、ボール運動や体操、陸上競技などの種目についても、多様な動きの基本が組みあわされてゲームにつながっていることから、それぞれの動きや活動を個人の身体状況や発達段階の特性にあわせてスモールステップで考えてみましょう。

　発達段階にあわせた活動を取り入れることによって、子どもたちは同じ運動を繰り返したり、喜んで活動に参加したりする様子がみられることがあります。このような様子が観察されるときは、子どもたちの発達課題にあった活動となっていることがうかがわれます。子ども自身が楽しいと感じる活動については、その子どもの発達のレベルや段階にあっていることを示す指標にもなります。次のステップへの基礎的な力が身につくと同時に成功経験を繰り返すことで自信にもつながっていきます。このようにさまざまな基礎的動きを運動遊びの中に取り入れることにより、次のステップに安心して移行することができます。

　一方、積極性が高く、自分で課題を見つけて運動に取り組もうとする子どももいます。このように運動経験を積んで自分で動きの探求や工夫が行えるようになっている子どもについては、完成型に近い難しい運動動作を提示することで、その動きや活動がどのようにしたらできるようになるかを自分自身で考え、動きをつくり上げていくようにすることもあります。

子どもがつくる体育授業

　ところで、参加者がおもしろいと感じた活動については、「活動時間よりもみんなで考える時間のほうが長かった」というような状況が生じることがあります。インクルーシブな体育を実施する際には、参加者一人ひとりが相互理解を深めながら、「どうしたらおもしろくなるのか」を、ともに考えるという活動そのものにおもしろさを感じることがあるからです。教師や指導者が「おもしろいであろう」道具をそろえ、ルールを変更し、活動を提供するのではなく、あくまで子どもが主体的に活動をつくり出す力を引き出すようにすることが重要です。このように、共通の認識をつくり上げていく過程そのものに、インクルーシブ体育の取り組みの本質があるといえるかもしれません。また、子ども自身が興味を持って積極的に参加できるアダプテッド・スポーツは、身体活動に対する積極的な姿勢をつくることにもつながります。

　さらに、参加者みんながおもしろいと感じる活動にするためには、障害のあるなしにかかわらず、参加者相互のコミュニケーションを図る必要があります。特に障害のある参加者については、自分の身体の状態を知り、それを周りに伝えることも求められることから、自己理解と相互理解を深めることにもつながります。

「勝つのは善」「負けるのは悪」という一元的価値観からの解放

　指導者の中には「厳しい練習を乗り越えてこそ楽しさが生まれる」という考えを持っている人もいます。また、「勝ちにこだわる気持ち」をスポーツや体育を通して育てることが重要だと考えている指導者もいます。しかし、運動が得意ではない子どもが含まれたグループでの活動を考えた場合、勝つことや厳しい課題を克服する「強い気持ち」を育てることは重要なのでしょうか。このような課題を設定することで運動嫌いを助長し、スポーツを通した自己肯定感を下げてしまう子どもがいるとすれば、これらが本当に必要なのかを今一度考えることが求められるのではないでしょうか。

　また、いつも同じ子ばかりが勝つスポーツやゲームは、多くの子どもにとっては「つまらない」と感じる活動になるかもしれません。勝ち負けをつけるのは良くないということではなく、ゲームや競争を行う際には、誰にでも勝つチャンスがあるように工夫をすることで、「みんなのスポーツにする」ことが求められます。そして、単に勝ち負けにこだわるのではなく、力を発揮し努力して取り組んだメンバーを尊重・尊敬する気持ちを育てることが重要なのではないでしょうか。

❺ アダプテッド・スポーツで「楽しい」と感じる活動へ

楽しいと感じる運動を考える

　子どもが自らやってみたい、楽しいと思える活動は、動きの発達だけではなく、認知能力やコミュニケーション力なども含めたさまざまな発達を引き出します。そこで、このようなワクワクする活動の意味を考えてみたいと思います。

　まず、なぜワクワクするのか。それは、活動に対する予測と見通しが関係します。どのような活動が、どこにつながっているのかという予測がついたとき、それを楽しみにするという気持ちが生まれます。反対に、「難しくてできないかもしれない」という不安が生まれないように工夫する必要があります。そして、どうやったら上手くできるのか、そのプロセスのイメージができたときに、ワクワクする気持ちが生まれるのです。

　身体活動を通した活動の習得には、子どもの身体の特性とともに、活動への意欲や周りの人々の態度などをあわせて考える必要があります。身体活動に参加した際に「楽しい」あるいは「楽しくない」と感じる要因を考えてみましょう。

表1-7　楽しい―楽しくないと感じる要素

- 適度な負荷―過重な負荷
- 上手にできる―上手にできない
- 活動の見通しや意味を理解している―何をやっているのかわからない
- 周囲の人の肯定的態度―上手くできないことへの周囲からのプレッシャー

表1-8　子どもにあわせた「アダプテッド」のポイント

- 子どもの発達段階
- 動きの特性
- 身体の状況
- 子どものニーズ
- 子どもの好み
- 地域性

その活動は、参加する子どもにとって、体力などに対して適度な負荷となっているか、活動が上手にできるものとなっているか、あるいはもう少しでできそうな課題となっているか、活動の見通しや意味を理解できるようにしているでしょうか。何をやっているのかわからないままに活動を続けるとすれば、楽しい活動にはなりません。また周囲の人の肯定的態度があり、上手くできないことへの周囲からの強いプレッシャーなどを感じないかなども、一因としてあげられます。

動きたいという気持ちを引き出すには

動きたくなる気持ちを誘発する景色（ランドスケープ）、すなわち「空間の演出」が重要になります。その際、活動の目的や参加する個々の子どもの発達課題などを考慮した空間づくりを心がけます。

例えば、広いグラウンドを目の前にした子どもが自然に走り出すのをみることがあります。目の前に広がる「空間」に、「走りたい」という気持ちが誘発されるのです。また、目の前に何か飛び越えられそうな「障害物」を見つけると、走っていって飛び越えるという動きが誘発される場合もあります。歩道の縁石をみると、上に乗って平均台のようにして遊びたくなったり、高いところに登りたくなったりする子どももいます。それらが動きを誘発するのです。

これらの気持ちのもとになるのは、乳幼児期からの動きも関係しています。例えば、ハイハイを始めた赤ちゃんが、何か欲しいものや手で触ってみたいものを見つけた場合、途中の障害物を乗り越えて手に入れることができたとします。達成感や満足感を感じ、次の探索行動を始めます。気になるもの、おもしろそうなものに「手を伸ばそう」（リーチング）としたとき、何かしらの段差があったとします。これを乗り越えて欲しいものを手に入れたとき、満足感や克服感が生まれます。さらに、周りでみていた親や保育者などから「上手だね」「すごいね」などと声をかけられることで、行動が肯定されたという喜びの気持

図 1-9　楽しそうな空間は動きを引き出す　渡りたくなる / 登りたくなる / 飛び越えたくなる

ちが生じます。ただし、ここで気をつけなければならないのは、親に褒められるために行動するのではなく、まずやってみたいという気持ちから行った動きであること、そしてそれが周りからも認められるという経験を重ねることです。

　一方で、同じような「景色」をみても、動こうとしない子どもがいます。この違いはどこにあるのでしょうか。その要因を考えるにあたっては、生態学（エコロジカル）的な、相互作用をもとにしたICFの生活機能分類をベースに考えることができます（図1-9参照）。

　例えば、動きたい気持ちを誘発するような環境因子としての「動きたくなる景色」に対し、個人因子として「本人の性格によって新しいものに対する怖さなどを感じる」場合があります。また、下肢機能に障害があることで走ることができない、車いすを利用している場合には環境的要因としてのグラウンドの凸凹がその動きを妨げるなど、物理的な条件がその気持ちを抑えてしまうことがあるかもしれません。

　目の前の障害物を乗り越えるには、自分の筋力が弱いとか、バランス能力の低さを感じている場合もあります。あるいは、身体のサイズが小さい（身長が低い、下肢長が短い）と感じてしまう場合もあるでしょう。反対に、簡単すぎてそれを飛び越えたいという気持ちが起きないという場合もあるかもしれません。

　すべての子どもが喜んで参加するためには、個々の子どもが自分の身体を認識するとともに、それにあわせた条件の設定や工夫が必要なのです。逆にいうと、これらの条件や工夫をすることによって、すべての子どもが楽しく身体を動かすことにつなげることができるとともに、次の「やってみたい」という気持ちを誘発することにもつながるのです。

楽しい活動にするための用具の工夫

　楽しく活動に参加できるようにするためには、活動の環境を整える必要があります。また、楽しい活動ができるようさまざまな用具を準備することも必要です。しかし、常に適した運動用具が備わっているとは限りません。そこで、他の目的で用意されているさまざまな用具を応用する方法があります。跳び箱を裏返してボールを入れるゴールにしたり、山や壁に見立てることで創造的な活動環境をつくり出したりする方法です（第2章第9節参照）。

　日用品や文房具などの、もともと運動用具ではないものを応用するという方法もあります。布やシーツ、新聞紙、模造紙、各種の用紙、ペットボトル、ビニール袋や風呂敷、スカーフ、ハンカチなど、日常にあるものを活用して運動遊具や活動環境をつくることができます。

　近年、オリンピックなどでは、伝統的な競技に加えてスケートボードやスノーボードといった、多くの新しい種目が次々と導入されるようになってきています。生涯にわたりスポーツを楽しむという視点から考えると、楽しくて格好良くておしゃれなスポーツも大い

図 1-10 キャスターボード

に体験する機会をつくるべきではないでしょうか。板の下にキャスターをつけて、滑らせて活動することができるキャスターボードなど、従来の運動では使うことがなかった用具も機会があれば導入していくことで、活動の幅が飛躍的に広がります。

　また小学校の低学年などでは、活動環境を「海」や「山」などに見立てることによって、想像力を膨らませるとともに、活動のモチベーションを上げることもできます。例えば、「みんな魚になったつもりで、サメに追いかけられて捕まらないようにしよう」や、「動物に出会ったら急いで走って逃げよう」などのイメージをすることで「一生懸命に走る」という状況をつくり出すことができます。

動きの習得のプロセス

　動きの習得には「発達や発育の順序や段階にあわせてさまざまな動きが徐々にできるようになっていく」というものと、「あるとき、さまざまな回路がつながってできるようになる」という2つのプロセスが考えられます。多くの課題は身体の発育や発達、経験などの状態にあわせて徐々にできるようになっていくと考えられます。

　一方で、自転車に代表されるように、練習をしてもなかなか乗れるようにならなかったのに、あるとき急にできるようになるという体験をすることがあります。多様な運動経験や動きの経験が情報として蓄積され、さまざまな条件が重なり、あるときにそれらがつながって、急にできたように感じるのです。そのためには、日常的にいろいろな動きの経験をすることが重要となります。

　このように、動きの習得にあたっては、繰り返しの練習やトレーニングを重ねる方法といろいろな動きの経験をする方法があると考えられます。バランスや「複数の身体の部位を連動させて動かす」などのコーディネーション能力が日常的な運動や動きに結びつくためには、「やりたい」「楽しい」と感じる運動や遊び（運動意思・意欲）の中で、多様な動きの「経験の蓄積」をすることが重要であると考えられています。

動きのイメージ化

　この動きの習得にあたっては、自分の身体を動かすイメージをつくることが重要です。体の大きさや手足の長さなど自分の身体をイメージすること（身体像：ボディー・イメージ）、その身体の動かし方をイメージすること（身体図式：ボディー・スキーマ）、そしてどのような動かし方をすると、どのような結果になるのかという「完成形」をイメージできることが、楽しく体を動かすことにつながります。

　一方で、さまざまな機能に障害があることによって、この動きのイメージ化が上手くできないことがあります。また、動かし方を学ぶ段階で、さまざまなつまずきが生じる場合もあります。例えば、視覚に障害がある場合には、目でみて覚えるのが難しいという制限が生じます。知的障害についても、同じように動きを覚えられなかったり、真似できなかったりする状況が生じることがあります。

　また、聴覚に障害がある場合には、視覚的な情報に頼らざるを得ないこともあります。運動機能に障害がある場合は同じ動きをすることができなかったり、動きのイメージそのものが異なっている場合もあります。不随意運動などがある場合や、欠損や身体のサイズが違ったりする場合も同様です。つまり、それぞれ身体の状態に応じてイメージする身体が違うのです。このイメージする身体が、それぞれ違うということを前提にして、活動を実施する必要があります。

できた、わかったという気持ちと達成感

　運動が苦手と感じる子どもには「みんなと同じように運動ができるようにする」ことではなく、「自分なりの表現」として、あるいは「自分自身が楽しめる方法」で、「自分の身体にあわせた動かし方を学ぶ」という視点を持たせることが求められます。例えば、身体が小さい幼児期と大きくなってきた学齢期では学び方も違ってきます。さらに青年期、成人期、そして高齢期では、動きの経験の違いや目指すものも異なります。その結果、同じ種目に取り組む場合でも、動きそのものがまったく別なものになるかもしれません。このように、運動学習における身体のイメージや身体の動かし方については、個人の変化や違い、環境との相互作用の中で捉える必要があります。

　動きの経験を通して、自分のイメージした身体と動きが一致したとき、「できた、わかった」という気持ちが明確になります。このできた、わかったという感覚を感じたときに、子どもは楽しいという気持ちを持つことができます。そして、またやってみたいと思うようになるのです。「できたぞ」という達成感を本人が「自分の身体との対話」の中で体験するプロセスこそ、多くの子どもが動くのが楽しいと感じる要素になるのです。

図1-11　運動学習と身体

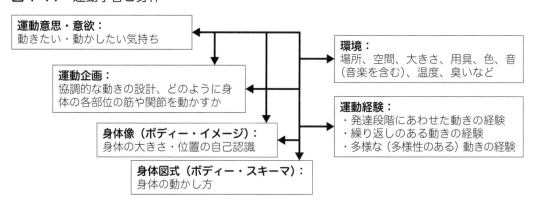

運動意思・意欲：
動きたい・動かしたい気持ち

運動企画：
協調的な動きの設計、どのように身体の各部位の筋や関節を動かすか

身体像（ボディー・イメージ）：
身体の大きさ・位置の自己認識

身体図式（ボディー・スキーマ）：
身体の動かし方

環境：
場所、空間、大きさ、用具、色、音（音楽を含む）、温度、臭いなど

運動経験：
・発達段階にあわせた動きの経験
・繰り返しのある動きの経験
・多様な（多様性のある）動きの経験

【引用文献】

1）矢部京之助・斎藤典子「アダプテッド・スポーツ（障害者スポーツ学）の提言——水とリズムのアクアミクス紹介」『女子体育』第36巻第11号，pp.20-25，1994.

2）矢部京之助・草野勝彦・中田英雄編著『アダプテッド・スポーツの科学——障害者・高齢者のスポーツ実践のための理論』市村出版，p.3，2004.

3）Sherrill, C., *Adapted physical activity, recreation, and sport : crossdisciplinary and lifespan*, 6th Ed., McGraw-Hill, p.8, 2004.

4）Winnick, J. P., Porretta, D. L. ed., *Adapted physical education and sport*, 6th Ed., Human Kinetics, pp.4-6, 2017.

5）前出3），p.18

6）草野勝彦「障害者スポーツ科学の社会的課題への貢献」『障害者スポーツ科学』第2巻第1号，pp.3-13，2004.

7）前出2），p.4

8）Block, M. E., *A teacher's guide to including students with disabilities in general physical education*, 3rd Ed., Paul H. Brookes, pp.25-27, 2007.

【参考文献】

・D. D. アーンハイム・W. A. シンクレア，永田晟監訳『不器用な子どもの運動プログラム』西村書店，1990.

・M. H. ウーラコット・A. シャムウエイ＝クック編，矢部京之助監訳『姿勢と歩行の発達——生涯にわたる変化の過程』大修館書店，1993.

・H. F. フェイト，大石三四郎監訳，三井淳蔵訳『心身障害児の体育・スポーツ』ぎょうせい，1982.

・藤田紀昭・齊藤まゆみ編著『これからのインクルーシブ体育・スポーツ——障害のある子どもたちも一緒に楽しむための指導』ぎょうせい，2017.

・草野勝彦・西洋子・長曽我部博・岩岡研典『「インクルーシブ体育」の創造——「共に生きる」授業構成の考え方と実践』市村出版，2007.

・後藤邦夫監，筑波大学附属学校保健体育研究会編『バリアフリーをめざす体育授業——障害のある子どもと共に学ぶ』杏林書院，2001.

・Horvat, M., Block. M. E., Kelly, L. E., *Developmental and adapted physical activity assessment*, Human Kinetics, 2007.

・岩永竜一郎『自閉症スペクトラムの子どもへの感覚・運動アプローチ入門』東京書籍，2010.

・L. A. カーツ，七木田敦・増田貴人・澤江幸則監訳，泉流星訳『不器用さのある発達障害の子どもたち運動スキルの支援のためのガイドブック——自閉症スペクトラム障害・注意欠陥多動性障害・発達性協調運動障害を中

心に』東京書籍，2012.

・大南英明・吉田昌義編『障害のある子どものための体育——個別の指導計画による健康・体力づくり』東洋館出版社，2004.

・岡野昇・佐藤学編著『体育における「学びの共同体」の実践と探究』大修館書店，2015.

・齊藤まゆみ編著『教養としてのアダプテッド体育・スポーツ学』大修館書店，2018.

・障害者福祉研究会編『ICF 国際生活機能分類——国際障害分類改定版』中央法規出版，2002.

・Steadward, R. D., Wheeler, G. D., Watkinson, E. J. Ed., *Adapted physical activity*, University of Alberta Press, 2003.

・丹野哲也監，全国特別支援学校知的障害教育校長会編『知的障害児・者のスポーツ』東洋館出版社，2016.

・辻井正次・宮原資英監，澤江幸則・増田貴人・七木田敦編著『発達性協調運動障害〈DCD〉——不器用さのある子どもの理解と支援』金子書房，2019.

・辻井正次・宮原資英編著『子どもの不器用さ——その影響と発達的援助』ブレーン出版，1999.

・安井友康「アダプテッド・スポーツの心理・社会的効果」『作業療法ジャーナル』第 42 巻第 9 号，pp.915–919, 2008.

・安井友康・七木田敦「心身障害児・者の体育スポーツの新たなる方向——第 7 回国際障害児（者）のための身体活動（Adapted Physical Activity）シンポジウムに参加して」『学校保健研究』第 32 巻第 4 号，pp.191–198, 1990.

・安井友康・千賀愛・山本理人『障害児者の教育と余暇・スポーツ——ドイツの実践に学ぶインクルージョンと地域形成』明石書店，2012.

・安井友康・千賀愛・山本理人『ドイツのインクルーシブ教育と障害児者の余暇・スポーツ——移民・難民を含む多様性に対する学校と地域の挑戦』明石書店，2019.

インクルーシブで自由な運動遊びの事例

「ダメ」と制止しない活動

　月に一度の頻度で行われる「インクルーシブな自由遊びの会」があります。0歳から中学生までの約15名が参加し、朝10時から14時まで自由な運動遊びを行います。毎回、1台ないし複数台のトランポリンを参加人数などにあわせて用意し、終了時間の少し前に、みんなが大好きなエアポリンを広げて遊びの会を終了します。その他に決まったプログラムはなく、支援者は基本的に「見守り」をしながら、その日そのときの子どもたちの求めに応じて一緒に遊びながら過ごします。

　活動中は、基本的に「ダメ」という制止の言葉を使わないことを申しあわせています。例えば、集団活動で棒を振り回すなどの危険な行動がみられたときは、支援の学生が「ダメ」という言葉は使わずに、他の子どもの間に割って入り、別の活動に導くなどして事故が起きないようにサポートします。以下は、そうした活動の中での2人のお子さんのケースを紹介します。

▼ 逸脱行動がみられたケース

　この活動に参加するBさんは、軽度の知的障害とADHDの傾向があるお子さんです。最初来たときは、攻撃的で自分の思いどおりにならないと興奮し、周りの参加者につかみかかったりしていました。また、体育館を飛び出しては学生が追いかけるという逸脱行動がみられました。付き添っていた母親は「そんなことをしてはダメよ」と言いながらBさんの後を追いかけます。

　しかし、何回か活動に参加するうちに、「制止されず自由に活動ができる」ことがわかり、徐々に表情が穏やかになっていき、逸脱行動や攻撃的な言動もなくなっていきました。はじめの頃は自分勝手に遊んでいたBさんですが、徐々に周りの子どもとも共同で遊べるようになり、自分よりも小さいお子さんに気を遣ったり手助けをするような行動もみられ始めました。

　母親も「周りから叱られるのではないか。そのようなことをやってはいけないのではないか」という気持ちから解放され、穏やかな気持ちで参加できるようになったと言います。元来好奇心旺盛なBさんは、スポーツ用の車いすを使って校内探検に行ったり、新しい運動遊びを思いついたりと、率先してみんなと遊ぶようになっていきました。

※プライバシー保護のため一部複数の事例を組みあわせています。

▼ 運動が苦手で、肥満傾向を示すケース

　Cさんは運動がとても苦手で、家ではゴロゴロと寝て過ごすことも多く、肥満傾向がみられるお子さんでした。動くことが好きではないため活動量も少なく、筋力も低下しています。活動に参加するようになると、トランポリンがとても気に入り、毎月の参加を楽しみにするようになりました。最初のうちは、活動中ずっとトランポリンの上で跳んだり休んだりしていましたが、そのうちに周りの子どもたちとの活動にも参加するようになっていきました。また、トランポリンの上では手をつないで輪になって跳んだり、周りの子どもとリズムをあわせて跳んだりする活動もみられるようになりました。さらに周囲をみながら自分で工夫してトランポリンの技もいろいろ習得していきました。徐々に体力がついてきたからか、運動に対する自信も生まれ、さまざまな活動に積極的に参加するようになっていきました。

自由で制約のない活動への参加がもたらすもの

　子どもを取り巻く規制が、子ども自身の不適応行動を誘発していることがあります。特にスポーツや体育の授業場面などでは統制された活動を求められることが多く、周りの子どもたちとトラブルになるケースも頻発します。一方、このような子どもの多くは、常に叱られ続けることで「自分はダメな存在だ」という否定的な自己像へとつながり、「矮小化された自己像」を形成しがちです。その結果、逸脱行動がエスカレートしたり、周りへの攻撃的な行動が増加するという悪循環が生じることもあります。子どもの特性を理解し、自由で制約の少ない環境を用意することが求められます。そこでは、失敗を「責める」のではなく、「失敗しても大丈夫」「自分なりにやれば良い」という気持ちを育てることがポイントになります。

　まずは「なぜ集中してしっかりやろうとしないようにみえてしまうのか」を考えると良いでしょう。例えば、「一生懸命やったのに、上手くいかなかったら恥ずかしい」「失敗したときに周りに責められたら嫌だ」など、心の葛藤や「適当にやったから上手くいかなかったんだ」という「構え」をつくろうとしているのかもしれません。本当は上手にやりたいのに、上手にできないからこそ"適当に"やることで自尊心を保とうとしているだけかもしれないからです。

　身体を動かす機会の保障は、健康の保持・増進の他、運動能力の向上にも欠かせません。その際に、できる限り制約をなくすことで楽しく活動に参加できるように配慮を行うことが重要となるのです。

感覚機能について

本書の第2章以降では、感覚機能が随所に出てきます。そこで、ここでは感覚機能について解説します。

動きの習得プロセスで活用すべき感覚機能
（第1章第2節❺参照）

　運動発達の過程では、例えば乳児が「みたい」という気持ちから頭を持ち上げて首がすわるようになり、「遊びたい」という気持ちから手を伸ばしたり、つかんだり、離したりすることができるようになります。その後も、例えば「楽しい」という気持ちから運動や遊びを繰り返していく中で、ボールを遠くに投げられるようになったり、自転車に乗ることができるようになったりします。このように、新しい運動にチャレンジしたり、新しい動き方を学んだりする際には、「やりたい」「楽しい」と感じる（運動意思・意欲）中で、練習したり、多様な動きを経験できるようにすることが大切です。

　動きを習得するためには、体の大きさや手足の長さなど自分の体の形（身体像）を記憶し、その体の動かし方（身体図式）を考えながら、体のどこを、どのタイミングで、どのくらいの速さで、どのくらいの強さで、どの方向に動かすと、どのような結果になるのか、という「完成形」をイメージ（運動企画）できることが大切です。運動しながら「イメージどおりに動いているか」、運動が終わった後に「イメージどおりに動くことができたか」を確認し、次第に考えなくても体が自然と動くようになり、動きが習得されます（運動学習）。

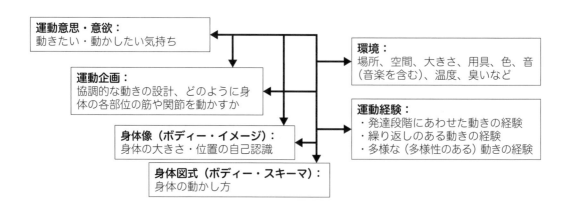

この動きの習得のプロセスで、体の形（身体像）を記憶するのには触覚や固有覚が役立ち、体の動かし方（身体図式）を考えて実際に運動するのには、バランスをとって姿勢を安定させる前庭覚が役立ちます。運動をイメージ（運動企画）する際は、環境を捉えたり、お手本となる動作を模倣したりするのに、視覚や聴覚が役立つことがあります。これら5つの感覚について、運動や遊びの中で活用する方法をみていきましょう。

触覚

触覚は、皮膚から入った刺激により感じる触られた感覚や圧迫された感覚のことで、自分の体の形（身体像）や動いたときの感覚を記憶するのに役立ちます。例えば、つるつると滑るものだと感じたら手に力を入れて握ったりしますし、ちくちく刺さるものだと感じたら手の力を抜いて握ったりします。このように触覚にあわせた手の動かし方は、小さい頃からの経験により学んでいくもので、触覚の過敏さがあると手を使った運動の経験が少なくなり、力のコントロールが苦手なことがあります。また乳児期の寝返りや、幼児期の遊具遊びの中で、体が床に触れたり背中や足が遊具に触れたりすることで、目にはみえない背中があることを意識したり、足の長さを感じて遊具にぶつけたりつまずかないように動かすことを考えるようになります。

運動や遊びの中では、皮膚に触れる用具や固定施設の素材を工夫し、触覚が感じ取りにくい場合はちくちくしたボールを使ったり、手をつく場所に滑り止めシートを貼ってざらざらした感触にしたりしてみましょう。

触覚の過敏さがある場合は、手袋をして運動したり、触ることができる素材の用具を用意したりしましょう。

固有覚

固有覚は、筋肉が伸び縮みすることで刺激が入り、どのくらい力を入れたか、どうやって体を動かしたかを感じ取り、自分の体の形（身体像）や動いたときの感覚を記憶するのに役立ちます。足元をみなくても階段を昇り降りしたり、背中でエプロンの紐を結んだりできるのは、固有覚により足の長さや手の位置と動きが記憶されているからです。固有覚を感じ取りにくいと、どれくらい力が入っているかわからず乱暴な動きになってしまったり、物を持った際に重さに対して適切な力を発揮できず落としてしまったりすることがあります。また、動いた感覚だけでは足がどのくらい上がっているか、手がどのくらい伸びているかといったことがわからないので、目でみて確認しながらでなければ運動すること

ができず、動きがぎこちなくなることがあります。

　運動や遊びの中では、筋肉の伸び縮みを感じられるように抵抗感や重さを工夫しましょう。ランニングをする際は、マットを敷いた柔らかい床面を走るようにすることで、足がマットに沈みこむ抵抗を感じることができます。また、足元が不安定になるためバランスをとって姿勢を安定させるために筋肉に力が入ります。ボールやラケットなどの用具を扱う際は、どのくらいの重さだと動いたときの感覚を意識しやすいか試してみましょう。また、用具の柔らかさや弾力によって抵抗感が変わるので、力の入れやすい、握りやすい素材を選ぶようにしましょう。

前庭覚

　前庭覚は、重力の刺激により姿勢の状態を感じ取り、体の揺れや回転、動いたスピードの刺激によりバランスをとるために筋肉や目の動きを調整します。例えば、目をつぶって片足立ちしたときに、転ばずに姿勢を保つことができますか？　幼児期に獲得する基本的な運動の力は、このようにバランスをとる他、体を移動する、用具などを操作する動きのカテゴリーに分類され、前庭覚を活用しながら、どのカテゴリーでも求められるバランスをとる力を育てていくことが大切です。

　運動や遊びにおいて、「揺れ」や「回転」は縦横、前後左右、大小、速い遅いなどの方向や速度のバリエーションを、「スピード」はまっすぐに移動するとき（歩く、走る）、上下に移動するとき（シーソー、ジャンプ）の変化などを楽しめるように工夫しましょう。

　前庭覚は楽しさを感じられる刺激でもありますが、前庭覚の過敏さがあると怖さを感じる刺激にもなるので、特に前庭覚を感じ取る機会の多い器械運動や陸上競技では無理をさせない、怖がらせないことを常に意識することが大切です。

視覚

　視覚は、目に光の刺激が入り、明るさや色の識別、奥行きや遠近を判断します。視覚はバランスをとる力とも関連しており、周囲の様子を目でみて確認しながら筋肉を動かして姿勢をコントロールします。

運動や遊びの中では、お手本をみたり、目印にあわせて踏み切ったり、目でみて距離を
はかったり、みる力が求められる場面が多くあります。お手
本の動きをみやすい速度で繰り返し確認できるように ICT
を活用したり、色のコントラストを意識して目印をみやすく
したり、環境を工夫しましょう。また、ボールを使った運動
ではさまざまな目の動かし方が求められます。目を動かすこ
とに苦手さがある場合は、「自分の体を動かしながら、止まっ
ている物をみる」、逆に「自分の体は動かさず、動いている
物をみる」など、目の動きを変化させられるような設定を工
夫しましょう。

聴覚

　聴覚は、音の振動が頭の骨や鼓膜に伝わり、音量や高低の識別、音の聞こえてきた方向
を判断します。

　運動や遊びの中では、必要な音を聞き分ける力が発揮できると、授業中に周囲の音に気
をとられることなく教師の話を聞くことができたり、チームメイトの声かけを聞いて作戦
を確認したりすることができます。また、跳び箱で踏み切る足音、ラケットにボールが当
たる音など、力強く踏み切ることができていたか、ラケットに正しくボールが当たってい
たかなど、運動の結果を音で確認するために聞く力が求められる場面が多くあります。体
育館やグラウンドは音が反響して音の方向を判断しにくくなるので、説明や声かけをする
際には声に集中しやすい環境づくりを工夫しましょう。踏んだり手で押したりすると音が
鳴るマットを使って運動の結果を音で確認しやすくするなどの工夫も考えられます。

　聴覚は、過敏さがあると苦手な音や大き
な音がする場にいられなくなってしまうこ
とがあります。例えば、体育館で一斉に縄
跳びをしたりボールをついたりすると、音
が反響してあちこちから聞こえたり、大き
く聞こえることがあるので、体育館から出
て練習できる場所を用意したり、イヤーマ
フやデジタル耳栓といった外部音の刺激量
をコントロールする道具を使ったりして、
運動や遊びの機会が制限されないように気
をつけましょう。

身体図式

——体育の中で育てる体の形（身体像）の記憶と体の動かし方（身体図式）を考える力

　記憶された自分の体の形（身体像）を、環境にあわせてどのように動かしていくか、体の動かし方（身体図式）を考える力は、触覚や固有覚を感じられる運動を通して育っていきます。

　体つくり運動系（第2章第1節参照）で紹介した、ずり這い、四つ這い、高這いなどの体を大きく使った移動運動では、床面を柔らかくしたり傾斜をつける、机や平均台の下を通り抜けたりマットの下をくぐるようにする、といった環境の工夫により、自分の体の形（身体像）の記憶や体の動かし方（身体図式）を考える力を育てることができます。

　体の成長にあわせて体の形（身体像）の記憶をアップデートし、アップデートされた体の動かし方（身体図式）を考えられるように、体育の各単元の中でも体つくり運動系のアイディアを取り入れた運動を扱うことが大切です。

運動企画

——体育の中で育てる全身の協調的な運動をイメージする（運動企画）力

　動きを習得するために大切な、体のどこを、どのタイミングで、どのくらいの速さで、どのくらいの強さで、どの方向に動かすと、どのような結果になるのか、という全身の協調的な運動をイメージする（運動企画）力は、動きを創造する（概念化）こと、環境にあわせた動きを考える（企画）ことを踏まえた運動や遊びの中で育っていきます。

　体つくり運動系（第2章第1節参照）や固定施設を使った運動（第2章第2節❶参照）、走る運動（第2章第3節❶参照）で紹介したような用具を組みあわせたサーキット形式の運動では、子ども自身がルートを考えて動きを創造（概念化）したり、次々に変化する環境にあわせた動きを考える（企画）経験を重ねることで、全身の協調的な運動をイメージする（運動企画）力を育てることができます。

　全身の協調的な運動をイメージする（運動企画）力が十分に発揮されると、思いどおりに体を動かすことができ、運動を楽しんだり、発展させたりすることにつながります。新しい運動を学ぶ際には、サーキット形式の運動や、跳び箱を使った運動（第2章第2節❹参照）やハードル走（第2章第4節❶参照）で紹介したリズミカルに体を動かす運動のア

イディアを取り入れ、全身の協調的な運動をイメージする（運動企画）力を高めるようにしましょう。

【参考文献】
・岩永竜一郎編著『発達障害のある子の感覚・運動への支援』金子書房，2022.
・鴨下賢一編著，池田千紗・荻野圭司・小玉武志・髙橋知義・戸塚香代子『発達が気になる子の学校生活における合理的配慮──教師が活用できる　親も知っておきたい』中央法規出版，2020.
・幼児期運動指針策定委員会『幼児期運動指針ガイドブック──毎日、楽しく体を動かすために』文部科学省，2012.
・A. J. エアーズ，Pediatric Therapy Network 改訂，岩永竜一郎監訳，古賀祥子訳『感覚統合の発達と支援──子どもの隠れたつまずきを理解する』金子書房，2020.
・大城昌平・儀間裕貴編『子どもの感覚運動機能の発達と支援──発達の科学と理論を支援に活かす』メジカルビュー社，2018.

第 **2** 章

実践編

　学習指導要領で取り扱っている単元ごとに、アダプテッド・スポーツの視点と作業療法の視点を取り入れ、学校にある固定施設や身の回りにある用具を活用した、明日からすぐに実践できる活動を紹介します。合理的配慮にも活用できるような配慮の視点、運動のねらいや活動に参加することで育てることができる力、スモールステップで取り組む工夫、道具やルールの工夫、チームメイトを含めた環境の工夫、評価の視点について取り上げています。

❶ 体ほぐしの運動

配慮の視点
体ほぐしの運動では、自分の体と向きあい、体を動かす楽しさや心地良さを知ることができるように活動や環境を準備します。

ねらい
「ゆっくり動く」活動で、自分の体のどこに力が入っているか、今どうやって体が動いているかを感じ、考えながら動くことが大切です。自分たちで活動を考え、用具やルールの工夫でどのような動きが引き出されるかをイメージする力を育てます。

ベーシック 自分の体と向きあう

■ 基本のルール
　固定施設や用具を使って転がったり、よじ登ったり、潜りこんだりして全身を動かすことができるコースをつくります。コースを移動しながら、姿勢はどうなっているか、手足はどのくらいの長さがあるか、しゃがんだときにどのくらい小さくなることができるか、背伸びしてどのくらいまで手が届くかといった、体の幅や手足の長さ、普段目に入らない背中を意識できるようにします。

■ 工夫する点
・コース…周回しながら、競争せずに自分のペースで体を動かし続けることができるようにする。
・移動方法…走る、歩く、四つ這い、車いすなど、コースにあわせて自分で移動方法を選択できるようにする。

・周囲の環境…転倒や衝突しないように広いスペースを確保し、床面にマットを敷いたり緩衝材を設置する。

> コースを移動する際に、上に登るのか、間をすり抜けるのか、下をくぐるのか、どのような方法を選択しても間違いではありません。子どもが自分で移動方法を考え、楽しめるようにしましょう。

アドバンス　自分や相手の動きを意識する

■ ルールの工夫

ベーシックのコースを移動する際に、両手でボールや水の入ったペットボトルを持ったり、ペアやグループでフラフープを持ったりします。手で物を持つことで、手は動かさないようにして足は動かすといった手と足の動きを意識したり、誰かと一緒に持つことで相手の動きを意識できるようにします。

■ 工夫する点（ベーシックプラスα）

・持つ物、運ぶ物…物を持ったり、運んだりする操作の能力にあわせて持つ物の大きさ、重さ、持ちやすさを工夫する。

・人数…相手の動きまで意識できないことがあるので、人数を工夫する。

> 他にも、車いすを乗り物として活用し、乗る人と押す人で役割を交代したり、目隠しをしてより移動を難しくするなど、自分の力を発揮して安全に楽しく取り組めるアイディアを出しあいましょう。

運動の効果・効用

環境にあわせて体を思いどおりに動かすためには、体の大きさや手足の位置関係といった体の形（身体像）を記憶しておくことが大切です。この幅は通り抜けられる、この高さはくぐらないと通り抜けられないといった体の動かし方（身体図式）を判断するために必要な体の形（身体像）の記憶は、小さい頃からの運動経験によってつくられていきます。子どもの体の成長は早いため、昨日は届かなかった高さに手が届くようになったり、急に洋服が窮屈になったり、日々の経験の中で体の形（身体像）の記憶も変化していきます。生涯にわたって運動に参加する機会があると、体の形（身体像）の記憶が更新され、体を思いどおりに動かすことにつながります。

評価の視点

【知識及び運動】

・体を動かすと気持ち良いことや、力一杯動くと汗が出たり心臓の鼓動が激しくなったりすることなどに気づいている。

・人それぞれ心地良いと感じる動き方や「やってみよう」と思える環境に違いがあることを知り、友だちと一緒に体を動かすと楽しさが増すことや、友だちとのつながりを感じている。

【思考力、判断力、表現力等】

・友だちの感想や気づきを聞いたり、友だちの動きをみたりして、試してみたい運動や友だちと一緒に行うと楽しい運動を選んでいる。

・体を動かすと気持ち良いことや汗が出ることなど気づいたことを言葉で表現したり、気持ちを表すカードを用いたりして、友だちと伝えあっている。

【学びに向かう力、人間性等】

・運動に進んで取り組み、コースの設置や使う用具を選んだり、組みあわせたりしている。

・順番や決まりを守り、誰とでも仲良く運動をしている。

・安全に活動できるように周囲の環境を整え、用具を安全に扱うように気をつけている。

ステップアップ編

★あちこちに体をぶつける、スムーズに移動できない場合

　体の形（身体像）が記憶できていないと、環境にあわせて体を思いどおりに動かすことができず、ぶつかったりつまずいたりしてしまうことがあります。体の形（身体像）を記憶する際にポイントとなるのは、体の形（身体像）を目でみて捉える「視覚」と、運動中に「触覚」と「固有覚」を感じやすい環境を準備することです。

　触覚は皮膚から刺激が入り、触れた感覚、圧迫された感覚、温度、痛みを感じ取ります。特に触れた感覚や圧迫された感覚は、記憶された体の形（身体像）をどのように環境にあわせて動かすか（身体図式）を考えるのに役立ちます。固有覚は、筋肉が伸び縮みした刺激を受け取り、どのくらい力を入れたか、どうやって体を動かしたかを感じ取り、動いたときの感覚を脳の中に記憶します。手元をみなくてもボタンを留めたり背中でエプロンの紐を結んだりできるのは、固有覚により指先や手の位置と動きが脳の中に記憶されているからです。

誰でも楽しめる工夫 ‖‖‖‖‖‖‖‖‖‖‖‖‖‖‖‖‖‖‖‖‖‖‖‖‖‖‖‖‖‖‖‖‖‖‖‖

・体の動かし方…体の形（身体像）の記憶や体の動かし方（身体図式）を考える力を育てるためには、いろいろな姿勢になったり、いろいろな体の動かし方（身体図式）をする中で、つまずいたり、頭をぶつけたり、狭いところに挟まったりという運動経験も大切である。体の動かし方（身体図式）を試行錯誤しながら自分の体と向きあい、お互いの動き方を尊重しあえるような雰囲気をつくる。

・移動方法…歩く、四つ這い、キャスターボードを使うなど、自分で選択できるようにする。車いすやキャスター付きのいすに乗る人と押す人、けんけんする人、目隠しをする人など、移動方法を工夫することで楽しみ方が広がる。

・周囲の環境…動きたいという気持ちを引き出すことができる環境をつくる。つまずいて転んでも、頭をぶつけても痛くないように、固定施設や用具を柔らかいクッションやマットで包んだりする。また、いろいろな高さをくぐることができるように設置方法を工夫し、「やってみよう」と思えるコースをつくる（第1章第2節❺参照）。

ステップ**1**：体の形（身体像）を意識しよう

　体のあちこちにテープを貼ったり剥がしたりします。テープを貼った場所に触覚が入り、体のあちこちに手を伸ばしたり、体をひねることで固有覚が刺激されます。またテープの場所を目でみて確認することで、視覚からも体の形（身体像）の記憶が促されます。

　アレルギーや触覚過敏によるストレス、テープを剥がすときの痛みなどで活動に参加できないことがあるので、テープは肌に直接触れないように衣服の上に貼ったり、テープに触れるときは手袋をするなどの工夫をします。服の中や靴下の中に小さいボールなどを入れて取り出す活動もおすすめです。

ステップ**2**：体の形（身体像）を意識しながら移動しよう

　床にロープを置いたり、マットで道をつくり、目隠しをして移動します。足の裏からの感覚や、つないだ手や肩に置いた手で誘導される感覚を頼りに進みます。目でみて体の形（身体像）を確認できないようにすることで、触覚や固有覚に注意を向けるようになり体の形（身体像）や体の動かし方（身体図式）を意識しやすくなります。人と手をつなぐことや肩に触れることが難しい場合は、つかまることができる手すりを用意したり、棒やフラフープなどの物を一緒に持って移動するなど、道具を工夫しましょう。目隠しをすることが難しい場合は、部屋を薄暗くするなど環境を工夫しましょう。目隠しをして移動することに不安がある場合は、四つ這いや座ったまま移動し、手で環境を確認できるようにしましょう。

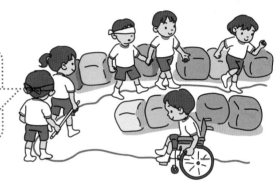

人にぶつかったり、つまずいて転んだりしないように、間隔を広くとって移動したり、ぶつかっても痛くない柔らかい素材でコースをつくるようにしましょう。

ステップ**3**：体の形（身体像）を意識していろいろな方向に動かしてみよう

　フラフープやロープを交差させ、中をくぐったりまたいだりして、どうやって体の形（身体像）をどのように環境にあわせて動かすか（身体図式）を学びます。高さや組みあわせの複雑さにより、難易度を調整することができます。ペアやグループで手をつないだり足を交差させたりしてコースをつくり、その間を通り抜けるようにすることで、コースをつくる人も体の形（身体像）を意識できます。

　通り抜けやすい簡単なコースにするのか、通り抜けにくい難しいコースにするのかを考えることで、相手の動きをイメージしたり予測したりする力を高めることもできます。フラフープに頭が触れたり、コースをつくる人の手に足がぶつかったりすることで、触覚や固有覚を感じ、体の形（身体像）を記憶していきます。

難しいコースをつくり、通り抜けられなかったり転倒したりすると、運動を楽しむことができなくなってしまいます。相手が通り抜けやすいコースを考えるルールにするなど、通り抜ける人の体の動かし方にあわせて工夫できるようにしましょう。

❷ 多様な動きをつくる運動

〈姿勢を安定させながら道具に注意を向ける運動〉

配慮の視点

多様な動きをつくる運動では、バランスをとって姿勢を保つ力を高められる活動や環境を準備しましょう。姿勢を保つことができると複雑な運動に取り組みやすくなります。

ねらい

姿勢を保ちながら手と足を違うリズムで動かしたり、人にぶつからないように道具を使ったり、周囲に注意を向ける力も高めていくことが大切です。運動の複雑さや道具の扱いやすさを段階づけて準備し、最も楽しめる動きを引き出すとともに、道具を自分で選択する力を育てます。

ベーシック ## 姿勢を安定させる＋周囲の環境（音）に注意を向ける

■ 基本のルール

四つ這い、ずり這い、横歩き、クモ歩きといったいろいろな方法で移動しながら、音や合図にあわせて進んだり止まったりします。止まるときは、しゃがむ、片足立ちなどのポーズをとり、姿勢を保つ筋力をつけましょう。また、音や合図といった周囲の環境（音）に注意を向ける力を高めます。

■ 工夫する点

・周囲の環境…複数人で移動するときは、周囲の人とぶつからずに追い抜いたり、進路を譲ったり、進む方向を変えたりできるように広いスペースを確保し、自分のペースで進むことができるようにする。車いすやキャスター付きのいす、キャスターボードを使う場合は、コースを分けて衝突しないようにする。

・音や合図…聴覚の過敏さや音の聞き取りにくさがあると、大きな音楽や高い笛の合図にストレスを感じることがあるので、聞き取りやすい音楽や柔らかい音（例：スリットドラム）を使う。

キャスターボードは、寝たり、座ったり、さまざまな姿勢で乗ることができ、バランスをとる力を高めるのに最適な用具です。マットと組みあわせることで肢体不自由の子どもも乗りやすくなります。

アドバンス　姿勢を安定させる＋道具に注意を向ける

■ ルールの工夫

四つ這い、高這い、ずり這い、横歩き、後ろ歩き、クモ歩きといったいろいろな方法で移動しながら、道具を運びます。いろいろな姿勢を保つ筋力をつけながら、周囲の環境（道具）に注意を向ける力を高めます。道具を持つ、運ぶことができるのは手だけではありません。足や頭など体のあちこちに乗せて運んだり、ペアで一緒に運ぶときに道具のどこを持つか、体のどこで持つかを考えたりすることで、体の形（身体像）を記憶したり、体の動かし方（身体図式）を考えたり、全身の協調的な運動をイメージする（運動企画）力も育てられます。

両手で大きなボールを抱えて持ったり、強く引っ張りすぎると破れてしまう紙テープをペアで持ったりと、持つ物によっておもしろさが変わります。

■ 工夫する点（ベーシックプラスα）

・持つ物、運ぶ物…物を持ったり運んだりする能力にあわせて持つ物の大きさ、重さ、持ちやすさを工夫する。ボール、ビーンバッグ、卓球のラケットなどの小さい物から、跳び箱、マット、三角コーンなどの大きい物まで、段階づけや一緒に運ぶ人数を工夫する。

運動の効果・効用

姿勢が安定すると、姿勢を保つことに気持ちを集中しなくてもよくなることから、手と足を違うリズムで動かしたり、人にぶつからないように道具を使ったりといった、自分の動きと周囲に注意を向ける力を発揮できるようになります。また姿勢が安定してくると、「みる力」や「聞く力」を発揮させやすくなるので、目標に向かって物を投げたり、音にあわせて体を動かしたり、球技やチーム戦ではチームメイトとぶつからないように動いたり、声かけに気づくことができるようになります。

評価の視点

【知識及び運動】

・多様な運動の仕方を知り、姿勢を安定させてバランスをとったり、移動をしたり、用具を操作したり、力試しをしたりしながら、運動のおもしろさを味わっている。

【思考力、判断力、表現力等】

・友だちの感想や気づきを聞いたり、友だちの動きをみたりして、試してみたい運動や友だちと一緒に行うと楽しい運動を選んでいる。

・自己の課題を見つけ、その解決のための活動（移動方法や用具の持ち方、安心して取り組める環境づくりなど）を工夫するとともに、考えたことを友だちと伝えあっている。

【学びに向かう力、人間性等】

・運動に進んで取り組み、移動方法や使う用具を選んだり、組みあわせたりしている。

・順番や決まりを守り、誰とでも仲良く運動をしている。

・安全に活動できるように周囲の環境を整え、用具を安全に扱うように気をつけている。

★道具を使うと動きがぎこちなくなる、正確に操作できない場合

バランスをとり姿勢を保つ力を高めるためのポイントは、「重力」と「前庭覚」を感じながら体を動かす経験です。人は生まれてから重力を感じ、重力に逆らって頭を上げたり（首が座る）、背中を伸ばしたり、手足を持ち上げたりして運動の力を発達させていきます。重力を感じながら体を動かすことで、頭と体、手足の位置関係を脳に記憶することができ、姿勢を保つ際に役立ちます。人の発達の過程で座ることができるようになる頃、手を床について座った姿勢を保ちますが、バランスをとり姿勢を保つ筋力がついてくると手の支えはいらなくなります。すると、おもちゃを持ったりスプーンを使ったり、道具を操作できるようになります。また、歩き始めの頃は脇を開いて手を高くあげた姿勢（ハイガードでの歩行）や、手を横に広げた姿勢（ミドルガードでの歩行）でバランスをとりますが、姿勢を保つことができるようになると手を下げて歩けるようになり（ローガードでの歩行）、物をつかんだり運んだりすることができます。また前庭覚は、揺れたり回転したり弾んだりする刺激により体の傾きや動いた速さを感じ取ります。人は座っているときも立っているときも、前庭覚により体のどこの筋肉に、どれくらい力を入れたら良いかを判断して無意識にバランスをとり姿勢を安定させています。前庭覚を感じながら体を動かすことで、自然にバランスをとり姿勢を安定させる力を育てることができます。姿勢を安定させ、道具の操作に注意を向けられるようにしましょう。

誰でも楽しめる工夫

・前庭覚を感じる活動…揺れを感じたり、スピードを感じたり、目が回る感覚は楽しい気持ちを高める効果がある。身近にあるタオルやキャスター付きのいすなどで手軽に前庭覚を感じて楽しむことができる。キャスターボードは使い勝手が良く活動の幅が広がる。楽しい気持ちが高まるので、前庭覚を感じる活動は意欲を引き出しやすいという特徴があるが、望むままに強い感覚刺激を与えるのではなく、姿勢を保つ力が発揮されているかを確認しながら行う。また、前庭覚に過敏さがあり、揺れや回転の感覚に怖さを感じる場合は、表情や姿勢を保つことができているか様子を確認しながら感覚刺激の強さをコントロールする。

ステップ **1**：重力に逆らって頭を持ち上げよう

うつ伏せや仰向けの姿勢で、重力に逆らい体や頭を起こした姿勢を保って遊びます。速度や揺れ（前庭覚）を感じるようにすることで、より効果的に姿勢を保つ力を高められます。

前庭覚を感じられる用具ではキャスターボードがおすすめです。バスタオルやキャスター付きのいすなどでも代用できます。目標の物をみる設定にすることで、より姿勢を保つ力を高められます。

ステップ**2**：重力に逆らって体を動かそう

　寝返りは頭と体、手足の位置関係をまっすぐ保とうとする力を育てます。転がりながら目標を目でみて捉えたり、合図を聞いて動きを変えたりすることで、みる力や聞く力も育てましょう。左右どちらの方向へも寝返りを経験できるように、コースや設定を工夫します。

> 音楽にあわせてストップ＆ゴーの要素を入れたり、ボールを入れる場所を複数用意して色や数で場所を指定したりすることで、難易度やおもしろさが変わります。

ステップ**3**：重力を感じながらバランスをとろう

　座った姿勢、立ち膝の姿勢、立った姿勢で手押し相撲やしり相撲をします。ペアやグループで行うことで、押されたり引っ張られたりランダムな揺れの刺激を感じることができます。座っているときと立っているときでバランスをとる力を発揮するための体の動かし方が変わります。床に座ったり、いすに座ったり、バランスボールに座ったり、柔らかく沈みこむマットの上で立ち膝をしたり、環境を工夫することで、バランスをとる力にあわせて楽しめます。

> 床面にマットを敷いたり緩衝材を設置しましょう。後ろにサポート役を待機させ、転倒しないように配慮しましょう。

コラム
姿勢の安定と手の運動の関連

　お座りができるようになったばかりの乳児は、床に手をついて姿勢を保ちます。手が姿勢を安定させるための役割を担っていると、リコーダーや書字といった空中に腕を保持しながら行う動作が上手くできない、階段の昇り降りの際に手すりがないと安全に移動できない、物を持って歩くと転びやすくなるといったことがあります。座った姿勢でも立った姿勢でもバランスをとる力を高めることで、手が姿勢を安定させる役割から解放され、手を自由に動かすことができるようになると、運動だけでなく日常生活でもさまざまな活動に参加しやすくなります。

❸ 体の動きを高める運動

〈環境にあわせて体を動かし筋力をつける運動〉

配慮の視点

体の動きを高める運動では、多様な動きをつくる運動（本章本節❷参照）で経験した全身の協調的な運動や道具を使った複雑な運動をリズミカルに力強く行うことで、体の柔らかさ、筋力、持久力を高めることが求められます。はじめに柔軟性を高めることで、けがなく続けて運動できる体をつくりましょう。

ねらい

柔軟性を高めるためには、姿勢を安定させる筋力を発揮できるように、協調的な運動に取り組む中で、必要な筋力を高めていくことが大切です。

ベーシック　柔軟性を高める

■ 基本のルール

　柔軟性を高めるためには、ストレッチのように筋肉を伸ばすだけではなく、筋肉に力を入れて伸び縮みさせることが大切です。ボール運びのように道具を使った協調的な運動の中で、姿勢を安定させる筋力を発揮しながら、胸周りの柔軟性を高め、体をひねりやすくすることで、全身を滑らかに動かすことができるようになります。

■ 工夫する点

・持つ物、運ぶ物…物を持ったり運んだりする能力にあわせて持つ物の大きさ、重さ、持ちやすさを工夫する。ボールやビーンバッグなどの小さい物から、バランスボールやクッションなどの大きい物までいろいろな物を運び、体の動かし方を変化させる。

・周囲の環境…足元にマークをつけて立つ場所をわかりやすくし、上半身を大きく動かすようにする。

・姿勢…姿勢を安定させる力や柔軟性にあわせて、立った姿勢だけでなくいすや床に座った姿勢で運動する。

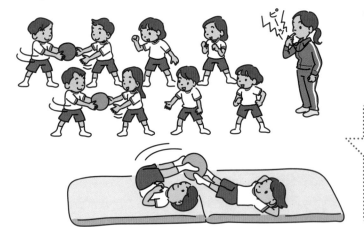

足を動かさないようにすることで、上半身をひねる動きを引き出します。子ども同士の間隔を広くしたり、狭くしたり、持つ物の大きさや重さを変えることで楽しさが広がります。

アドバンス　姿勢を安定させる筋力をつける

■ ルールの工夫

　姿勢を安定させる骨盤周りの大きな筋肉（大殿筋や大腿四頭筋、ハムストリングス）の筋力を高めることで、姿勢が安定し、体を動かしやすくなります。固定施設や用具を使って全身を動かすことができるコースをつくり、足をあげたり、踏ん張る動作を取り入れた活動で下半身の筋力を発揮できるようにしましょう。

■ 工夫する点（ベーシックプラスα）

・コース…用具の高さやクッションやマットの組みあわせを複数用意し、自分でコースを選択できるようにする。

・移動方法…四つ這い、高這い、クモ歩きなど、コースにあわせて自分で移動方法を選択できるようにする。

> 移動する際は、日常生活の中で行う機会の少ない四つ這いなど、全身を協調的に動かす方法で取り組むとより効果的です。

55

運動の効果・効用 ‖‖‖

　姿勢が安定し、柔軟に体を動かすことができるようになると、複雑な運動や道具を操作する運動にチャレンジしやすくなります。新しい運動にチャレンジするとき、体ほぐしの運動で記憶された体の形（身体像）を使いながら、体の動かし方（身体図式）を考え、体のどこを、どのタイミングで、どのくらいの速さで、どのくらいの強さで、どの方向に動かすかをイメージ（運動企画）し、運動しながら「イメージどおりに動いているか」、運動が終わった後に「イメージどおりに動くことができたか」を確認していくと、次第に考えなくても体が自然と動くようになります（運動学習）。体つくり運動系の単元だけでなく、新しい運動にチャレンジする土台となる姿勢の安定と体の柔軟性を高める運動に各単元で取り組むことで、けがなく続けて運動できるようにしましょう。

評価の視点 ‖‖

【知識及び運動】

・体の柔らかさ、巧みな動き、力強い動き、動きを持続する能力を高めるための運動の行い方を知り、それぞれの運動のおもしろさを味わっている。

【思考力、判断力、表現力等】

・友だちの感想や気づきを聞いたり、友だちの動きをみたりして、試してみたい運動や友だちと一緒に行うと楽しい運動を選んでいる。

・自己の課題を見つけ、その解決のための活動（活動に取り組むときの姿勢や移動方法、安心して取り組める環境づくりなど）を工夫するとともに、考えたことを友だちと伝えあっている。

【学びに向かう力、人間性等】

・運動に進んで取り組み、友だちとの距離や移動方法、使う用具を選んだり、組みあわせたりしている。

・順番や決まりを守り、誰とでも仲良く運動をしている。

・安全に活動できるように周囲の環境を整え、用具を安全に扱うように気をつけている。

★新しい動きを身につけるのに時間がかかる場合

　新しい運動にチャレンジし、次第に考えなくても体が自然と動くようになる（運動学習）ためには、先に運動をイメージしてから取り組むこと、1回ずつではなく連続して運動に取り組みイメージをつかむことが大切です。順番に並んで1回ずつ取り組むような設定では、上手くできなかったときに試行錯誤したり、上手くできたときの運動を繰り返して体の動いた感覚を記憶したりすることができないので、3〜5回ずつ連続して取り組むことができる設定を工夫しましょう。

　また、運動しながら「イメージどおりに動いているか」、運動が終わった後に「イメージどおりに動くことができたか」を確認する際は、言葉でのフィードバックだけでなく、運動の様子を撮影してみて振り返ったり、動きを音でイメージしたり、体ほぐしの運動（本章本節❶参照）のように触覚、固有覚を感じられる環境にしたり、多感覚を活用しながら取り組むことが大切です。

誰でも楽しめる工夫 ||||||||||||||||||||||||||||||||||||||||||||||||||||||||||||||||||||||||

- 周囲の環境…つまずいたりぶつかったりしても痛くないように、固定施設や用具を柔らかいクッションやマットで包んだりすることで、「やってみよう」という気持ちを引き出す環境づくりをする（第1章第2節❺参照）。
- 運動の工程…運動をイメージする力や、イメージどおりに体を動かす力にあわせて運動の工程を選択できるようにする。運動がイメージできていても、体が思いどおりに動かないと動きがぎこちなくなりけがにつながってしまうことがあるので、スモールステップで運動の工程を増やしたり、時には減らしたりする。
- 運動をイメージするタイミング…運動への意欲があり「すぐにやってみたい」という思いから、運動をイメージする前に動き始めてしまうことがある。スタートラインを決めたり、立ち止まってコースを見通す場所を決めたりして、運動をイメージするタイミングを設定する。

ステップ 1：工程の運動をイメージしよう①

　用具を使ってコースをつくり、コースの途中で決められた場所でジャンプをしたりポーズをとったりします。コースに名前をつけて動物になりきったり、ポーズをとるときに写真をとったりすることで、楽しんでジャンプやポーズをとることができるようにします。

> 猫コースでは四つ這いの姿勢で進み四つ足でジャンプしたり、イルカコースでは泳ぐように移動して頭からジャンプしたり、動物の動きを考えることで運動をイメージする力も高められます。

ステップ2：工程の運動をイメージしよう②

　用具を使って同じ動きを連続して行うコースをつくり、スタートする前にコースの先を見通して、どのように動くかをイメージしてから取り組みます。同じコースに何度か取り組み、イメージどおりに体が動いているかを確認しながら、体が自然と動くようになる（運動学習）経験を重ねましょう。慣れてきたら新しいコースをつくり、先にコースをみて動きをイメージする必要性を感じられるようにします。コースの先を見通したり体の動かし方をイメージしやすくするため、自分たちでコースをつくるようにしましょう。

> 競争するようなルールにすると速く動くことに意識が向いてしまいますが、動きをイメージすること、イメージどおりに体を動かすことを意識し、正確に運動することを大切にしましょう。

ステップ3：変化する環境にあわせて運動をイメージしよう

　用具を使って異なる動きを連続して行うコースをつくり、先にコースをみて動きをイメージする必要性を感じられるようにします。また、周囲の人の動きや、ペアやグループの人の動きの変化にあわせて運動をイメージし、タイミングをはかって移動します。一緒に動く人の人数や動きの速さを変えることで、段階づけができます。

> 肋木にロープで移動する道筋を示します。腰につけたベルトや紐に道筋を示すロープを通して決められた道筋に沿って進みましょう。

> 触覚過敏などで手をつなぐことが難しい場合は、手袋をしたり、バトンやボールを介してつながるようにしましょう。

第2節 器械運動系

❶ 固定施設を使った運動

配慮の視点

固定施設を使った運動では、高さや床面の幅にあわせて体の動かし方を考え、思いどおりに体を動かして移動できた喜びや、揺れや高さによるハラハラドキドキするようなスリルを楽しむことができるように、安全に配慮しながら環境を工夫しましょう。

ねらい

手足を使って体重を支えられる環境、おもしろさの生まれる用具の組みあわせ、高さへの怖さをなくすための移動方法など、自分たちで考えて工夫できるようにしましょう。

ベーシック 環境にあわせて体の動かし方を考える

■ 基本のルール

跳び箱、平均台、綱引きの綱などの用具を使ってコースをつくり、さまざまな動きで進みます。高さや幅のバリエーションを多くし、肋木も活用して手で支えたり登って移動したり、コースの中で変化をつけます。固定施設と用具を組みあわせることでいろいろな動きを引き出します。

■ 工夫する点

・コース…周回しながら、競争せずに自分のペースで体を動かし続けることができるようにする。

・移動方法…四つ這い、車いすなど、コースにあわせて自分で移動方法を選択できるようにする。

・周囲の環境…転倒や衝突しないように広いスペースを確保し、床面にマットを敷いたり緩衝材を設置したり、サポート役が待機して支えられるように工夫する。

補助するときは手をつなぐのではなく、手すりのようにすぐつかむことができる位置に手を出しておいたり、体を支える場合は骨盤周囲や腰を支えるようにしましょう。

コースの途中に隠された宝物を探すといったストーリーを取り入れるなど、工夫することで楽しさが広がります。

アドバンス 環境にあわせて体の動かし方を考える＋相手の動きを意識する

■ ルールの工夫

　ベーシックでつくったコースに階段や坂道など日常生活でも遭遇することが多い環境を加えます。車いす、キャスター付きのいす、ペアやグループで手をつないでなど、いつもとは違う移動方法で進み、相手の動きを意識しながら体の使い方を考えます。移動の途中でまたぎ動作やしゃがみ動作など、体ほぐしの運動（本章第1節❶参照）で経験した動きを取り入れることで、姿勢の安定性を高めたり、バランスをとる力を高めることができます。

> コースの途中に三角コーンや空き箱を置いてキックして倒す設定にすると、片足立ちになる瞬間をつくることができ、姿勢を安定させ、バランスをとる力を高められます。

■ 工夫する点（ベーシックプラスα）

・持つ物、運ぶ物…子どもの能力にあわせて持つ物の大きさ、重さ、持ちやすさを工夫する。ボール、ビーンバッグ、卓球のラケットなどの小さい物から、跳び箱、マット、三角コーンなどの大きい物まで、段階づけや一緒に運ぶ人数を工夫する。

・ペアやグループでの移動…相手の動きまで意識できないことがあるので、人数を工夫する。

運動の効果・効用

　固定施設をよじ登ったり、不安定な場所や着地の際にバランスをとったりすることで、姿勢を安定させる力、手で体重を支える力、握力などを育てることができます。姿勢の安定性や手で体重を支える力は、バスケットボールやテニスといったボールやラケットなどの道具を操作する運動の土台となります。また、手で体重を支える力や握力は、書字や楽器の演奏といった指先の細かい運動の土台となります。

評価の視点

【知識及び技能】

・各種の固定施設や用具を使った運動の行い方を知り、多様な体の動きを駆使しながら、運動のおもしろさを味わっている。

【思考力、判断力、表現力等】

・友だちの感想や気づきを聞いたり、友だちの動きをみたりして、試してみたい運動や友だちと一緒に行うと楽しい運動を選んでいる。

・自己の課題を見つけ、その解決のための活動（固定施設と用具の組みあわせや移動方法、安心して取り組める環境づくりなど）を工夫するとともに、考えたことを友だちと伝えあっている。

【学びに向かう力、人間性等】

・運動に進んで取り組み、固定施設と用具の組みあわせや使い方を考えたり、移動方法を工夫したりしている。

・順番や決まりを守り、誰とでも仲良く運動をしている。

・安全に活動できるように周囲の環境を整え、用具を安全に扱うように気をつけている。

⋯⋯⋯⋯⋯⋯ 道具・ルールの工夫編 ⋯⋯⋯⋯⋯⋯

★不安や怖さを軽減するために

　跳び箱や平均台は上に登ることで、いつもと視線の位置（高さ）が変わり環境の変化を楽しむことができます。一方で、自分の体を思いどおりに動かすことができない子どもは転落や転倒の不安を感じたり、前庭覚に敏感だと不安定な場所で体が揺れることに恐怖を感じることがあります。自分の体重を支える力にあわせて固定施設の高さや幅を選択し、「やってみよう」という気持ちを引き出すことができる環境をつくり、楽しむことができる範囲で運動する方法を工夫しましょう（第1章第2節❺参照）。

　また視覚的に感じる高さと実際の高さが異なり、低い場所でも怖さを感じたり、反対に高い場所でも慎重に動くことを忘れてしまうことがあります。固定施設の下や周囲に安心して着地できるマットを敷いて不安を和らげたり、固定施設の上に登る際は、自分でよじ登ることで高さを体感したり、その様子を撮影して客観的に振り返ることで高さを確認したりできるようにしましょう。

高さ

　跳び箱をいろいろな高さに設置し、上に登ったり降りたりしながら進むコースをつくります。自分の力で登ることができる高さはどれくらいか、ジャンプして安全に着地できる高さはどれくらいか、高さの変化を経験することで最も楽しめる高さ、安全に運動できる高さを学びます。

> 跳び箱の周囲にサポートする役割の人が待機し、転落や転倒には十分に気をつけます。低いコースも中に組みこみ、楽しく移動しながら、高さにもチャレンジしやすい環境をつくりましょう。

幅

　跳び箱、平均台、綱引きの綱などの用具を使ってコースをつくり、コースの幅や高さにあわせて、体の向きを変えて歩いて進んだり、四つ這いで進んだり、座ったまま進んだりします。どのような方法だと安全に進めるのか、怖くないのか、さまざまなコースの幅と高さを経験し、最も楽しめる幅、安全に移動できる方法を学びます。

> コースによって移動方法を決めるのではなく、子どもが楽しく移動できる方法を自由に選択し、チャレンジできるようにしましょう。

組みあわせ

　固定施設といろいろな用具を組みあわせることでさまざまな動きを引き出します。平均台や肋木にロープを置いたり結んだりすることで、またぎ動作を引き出したり、握る力を育てたりすることができます。

　周回できるようにコースをつくり、競争せずに自分のペースで取り組めるように工夫します。移動方法に決まりはないので、自分で移動方法を考えて自由にチャレンジできるようにしましょう。

　姿勢の安定性をより高めるためには、滑り下りることができる場所をつくり、前庭覚を感じ、体のどこの筋肉に、どれくらい力を入れたら良いかを判断して、無意識にバランスをとる経験ができるようにしましょう。多様な動きをつくる運動（本章第１節❷参照）で紹介した活動を組みあわせて行うことで、姿勢を安定させ、道具を操作する運動の土台をつくることができます。

━━ コラム ━━

前庭覚を感じて無意識にバランスをとる力を育てる

　前庭覚は体が揺れたり、傾いたり、回転したりすることで感じられ、体の動きにあわせて無意識に筋肉をコントロールし、姿勢を安定させるのに役立つ感覚です。姿勢の安定性をより高めるためには、前庭覚を感じることができる環境（凸凹した不安定な床面、滑り下りることができる坂道など）をつくり、無意識にバランスをとる経験ができるようにしましょう。

　前庭覚に敏感で不安や怖さを感じる場合は、楽しむことができる揺れの方向、傾きの角度、回転の速さを工夫して、安心して取り組むことができるようにします。ブランコや滑り台といった公園の遊具を活用するのもおすすめです。

❷ マットを使った運動

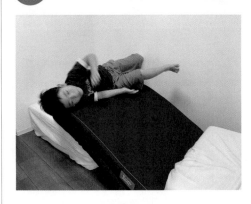

配慮の視点

寝返りなどのマット運動は、体の背面や側面といった普段目に入りにくい部分を意識したり、体の柔軟性を高めたり、各関節を順番に動かしていく運動の基礎となります。回転する感覚や頭が逆さになる感覚は日常生活の中で感じる機会が少ないので、まずは感覚に慣れて楽しむことができるように工夫しましょう。

ねらい

技の練習を繰り返すのではなく、回転したり頭が逆さまになる感覚を安全に楽しむことができるように、手や腕の力で体重を支える経験や頭を下げる経験を大切にしましょう。子どもが怖さを感じることなく取り組むことができる環境や段階づけを工夫します。

ベーシック　安定した床面で回転する・頭を下げる

■ 基本のルール

　安定した床面で寝返りを繰り返すことで、柔軟性を高め、体重を支える筋力をつけます。体の動きを高める運動（本章第1節❸参照）で紹介したように、おしりやももの筋肉（大殿筋や大腿四頭筋、ハムストリングス）といった骨盤周りの筋力を発揮して、体全体を大きく動かし、回転する感覚や各関節を順番に動かす感覚を経験します。寝返りをしながらボールを集めたり、手をつないでペアで回転しながら三角コーンを倒したりといったゲームにすることで、空間に対してどの方向に転がるかを考えたり、まっすぐ転がるための体の使い方を学ぶことができます。

■ 工夫する点

・周囲の環境…壁や人に衝突しないように広いスペースを確保する。

・補助…自分で回転することが難しい場合は、バスタオルの上に寝てもらいバスタオルを引っ張ることで寝返りを誘導したり、坂道を用意することで寝返りをしやすくする。また、曲がって回転して壁や人にぶつからないように声かけや身体介助で安全に取り組むことができるようにする。

・マットの種類…シーツやタオル、ビニール袋などの用具を活用し、素材によって転がりやすさや触覚の違いを感じられるようにする。

> 1人で取り組む場合は自分の体と向きあう経験、ペアやグループで取り組む場合は自分と相手の動きを意識する経験となります（本章第1節参照）。

アドバンス 速度を感じながら回転する・頭を下げる

■ ルールの工夫

マットで3方を囲み、中に飛びこんだり、後ろ向きや前向きに倒れこんだりします。倒れる前に手を出すことや受け身をとるために瞬時に体に力を入れる経験を重ねます。

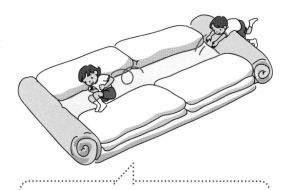

■ 工夫する点（ベーシックプラスα）

・周囲の環境…倒れこんでもマットがずれたりしないように、しっかり押さえておく。

・マットの種類…倒れこむ際に手をついたり受け身をとることができないとけがにつながることがあるので、マットの厚さや硬さを調整する。

> 痛みや怖さを感じない環境をつくることで、チャレンジしてみようという気持ちを引き出すことができます。マットへの倒れこみ方に正解はないので、自由にアイディアを出して自分で選択できるようにしましょう。

・倒れこむ方向…人によって不安や怖さを感じる方向が異なるので、自分で倒れこむ方向を選択できるようにする。

・倒れこむ姿勢…床に座った姿勢、しゃがんだ姿勢、立ち膝の姿勢、いすに座った姿勢、立った姿勢、台に登った姿勢、といったように高さを段階づけて自分で選択できるようにする。

運動の効果・効用

マット運動は、手や体がマットに触れる触覚や、手足で体重を支えるための固有覚を感じることができ、体の形（身体像）の記憶や体の動かし方（身体図式）を考える力を育てる助けになります。また、手足と体の動きを連動させて順番に動かしていくことで、体の支える部分と動かす部分を分けて運動するといった、体の使い方を学ぶことができます。

さらにマットで転がったり、逆立ちをしたりすることで、体の傾きや体の動いた速さの感覚である前庭覚を強く感じることができます。前庭覚はその感覚そのものを楽しむこともできますし、無意識に姿勢をコントロールする力や目を動かす力を高める効果もあるため、日常生活に役立ちます。

評価の視点

【知識及び技能】

・マット運動の行い方を知り、体を回転させたり受け身をとったり、回転系や巧技系の基本的な技及び発展技の土台づくりを行ったりしながら、運動のおもしろさを味わっている。

【思考力、判断力、表現力等】

・友だちの感想や気づきを聞いたり、友だちの動きをみたりして、試してみたい運動や友だちと一緒に行うと楽しい運動を選んでいる。

・自己の能力に適した課題を見つけ、その解決のための活動（マットの上での体の動かし方や安心して取り組める環境づくりなど）を工夫するとともに、考えたことを友だちと伝えあっている。

【学びに向かう力、人間性等】

・運動に進んで取り組み、マットの組みあわせや用具の使い方を工夫している。

・順番や決まりを守り、誰とでも仲良く運動をしている。

・安全に活動できるように周囲の環境を整え、用具を安全に扱うように気をつけている。

★しゃがんだ姿勢から手を伸ばして床に触れたり、頭を床につけることが苦手な場合

　姿勢を保つ筋力が弱かったり、触覚の過敏さがあって手を床につけることが苦手だったり、前庭覚の敏感さがあって頭を下げることや回転することに怖さを感じてしまうと、床上での運動を楽しめず、参加できなくなってしまうことがあります。一人ひとりが楽しむことができる範囲で回転する感覚を経験できるように工夫しましょう。

　前庭覚は揺れる方向、回転する方向によって感じ方が異なるので、受け入れやすい方向を見つけ、まずは楽しみながら揺れや回転を経験することが大切です。姿勢が安定した状態で全身を大きく揺らしたり回転させたりする活動から始め、頭から足まで一直線につないだ軸（垂直軸）をイメージして、寝返りのように体を回転させる活動や、お腹を横切る一直線の軸（水平軸）をイメージして、頭を下げた姿勢や体を前後に揺らす活動に取り組みます。

誰でも楽しめる工夫 ‖‖‖‖‖‖‖‖‖‖‖‖‖‖‖‖‖‖‖‖‖‖‖‖‖‖‖‖‖‖‖‖‖‖

・前庭覚の刺激の強さ…揺れを感じたり、スピードを感じたり、目が回る感覚は楽しい気持ちを高める効果がある。楽しい気持ちが高まるので前庭覚を感じる活動は意欲を引き出しやすい利点があるが、望むままに強い感覚刺激を与えるのではなく、姿勢を保つ力が発揮されているかを確認しながら行う。また前庭覚に過敏さがあり、揺れや回転の感覚に怖さを感じる場合は、表情や姿勢を保つことができているか様子を確認しながら感覚刺激の強さをコントロールするようにする。

・運動中の姿勢…体の揺れや回転を楽しむことができる姿勢は人によって異なり、座っておしりがいすや床についているとき、立って両足が床についているとき、手で壁や手すりを握っているときなど、体が安定している状態や、姿勢を手で支えられる状態だと安心して取り組めることがある。運動中の表情や姿勢を保つことができているか様子を確認しながら、活動の設定を工夫する。

ステップ **1**：姿勢が安定した状態で全身を大きく回転しよう

　体の背面を意識できるようにバスタオルに仰向けに寝て、姿勢を保ちながらペアやグループの人に大きく回転するように引っ張ってもらいます。空間に対してどの方向に転がるかを考えたり、まっすぐ転がるための体の使い方を学ぶことができます。なお、回転後に立ち上がった際に、目が回って転倒などしないように配慮します。

　三角コーンなどでコースをつくり、バスタオルを車に見立てて寝ている人を運ぶといったごっこ遊びや、チームに分かれてリレーをするといったゲームにすることで、速度や揺れによる前庭覚を強く感じることができ、姿勢の安定性を高めることができます。

ステップ**2**：頭から足まで一直線につないだ軸（垂直軸）をイメージして回転しよう

　床上で姿勢が安定した状態を保ち寝返りをしながら、坂道を横向きに転がり下ります。また、ペアやグループで寝ている人をひっくり返すゲームでは、回転させられる方向を意識して体を動かすので、床上での姿勢の保ち方や各関節の動かし方を学ぶことができます。

> 固定施設や用具を使い、回転いすやキャスターボードに座った姿勢での回転やトランポリンで跳びながら立った姿勢での回転など、いろいろな姿勢での回転を経験しましょう。人によって目の回り具合が異なるので、速さや回数を選択できるようにしましょう。

ステップ**3**：お腹を横切る一直線の軸（水平軸）をイメージして回転しよう

　膝を抱えた姿勢で前後に体を揺らすゆりかごの活動では、体の背面を意識できるようにバスタオルで包むようにして、ペアやグループでタオルを引っ張りながら後方への揺れを誘導します。床上で膝を抱えた姿勢になり、姿勢が安定した状態を保ちながら、ペアやグループの人が体を押して回転させます。四つ這い、高這い、立った姿勢でのボール渡しやツイスターといったゲームでは、頭を下げた姿勢に意識が向かないことで、不安や怖さを軽減しながら回転する感覚を経験することができます。

> 水平軸をイメージした回転は特に日常生活の中で感じる機会が少ないので、まずは感覚に慣れて楽しむことができるようにします。人によって目の回り具合が異なるので、速さや回数を選択できるようにしましょう。

❸ 鉄棒を使った運動

〈握る力と腕の力を高める運動〉

配慮の視点

鉄棒を使った運動では、握る力と腕の力を使って体重を支持しながら、頭を下げた姿勢や逆さまの姿勢になり、不安定な場所で体を動かすことや、世界が逆さまにみえたり回ってみえたりする感覚を楽しみます。鉄棒から落ちるかもしれないという不安や視界が変わることへの怖さを感じさせないように、「握ること」と「頭を下げること」の段階づけを工夫しましょう。

ねらい

握る力と腕の力だけで体重を支えるためには、力をこめて握る経験、体重を手で支える経験が大切です。また空中での頭を下げた姿勢や逆さまの姿勢は、前庭覚の過敏さがあるとより怖さを感じやすくなるので、楽しむことができる範囲で視界が変わる運動に取り組みます。

ベーシック 握る力を高める

■ 基本のルール

四つ這いや高這いの姿勢で移動することで、姿勢の安定とともに腕や手首を動かす筋力を高め、握力を発揮しやすくなります。体つくり運動系（本章第1節参照）や固定施設を使った運動（本章本節❶参照）での経験を重ねられるようにしましょう。また、実際に道具を手で握りながら力を発揮する経験が大切なので、まずは床上で姿勢が安定した状態で握る力をつけていきます。タオルや棒を使った綱引きや棒引き、棒押しといった活動で、力をこめて握る経験を重ねます。

■ 工夫する点

・周囲の環境…転倒や衝突しないように広いスペースを確保し、床面にマットを敷いたり緩衝材を設置する。

・手袋の使用…手の触覚に過敏さがあったり、握力が非常に弱い場合は、力をこめてタオルや棒を握ることができるように滑り止めつきの手袋を使用する。

綱引きや棒引き、棒押しでは姿勢を保つことができないと転倒することがあるので、床面にマットを敷いたり緩衝材を設置したり、サポート役が待機して支えられるように工夫しましょう。

アドバンス　握る力とバランスをとる力を高める

■ ルールの工夫

ベーシックの活動を行う際、柔らかいマットで足元を不安定にすることでバランスをとる力を育てることができます。肋木に登り片手で体重を支えながらもう一方の手で風船を打ち返す活動では、手を固定し体を動かすといった全身の使い方を学ぶことができます。

> 高さがあると不安や怖さを感じることがあるので、床面に立って用具を握る段階から始め、「やってみよう」と思うことができる高さを自分で選択できるようにしましょう。

■ 工夫する点（ベーシックプラスα）

・持つ物、運ぶ物…物を持ったり運んだりする能力にあわせて、握るロープの太さや持つ道具の大きさ、重さ、持ちやすさを工夫する。

・周囲の環境…楽しんで取り組むことができる高さを自分で選択できるようにする。片手で体重を支えたり不安定な姿勢になる際は、サポート役が待機して支えられるようにする。

運動の効果・効用

握る力を高めるためには、姿勢の安定、腕の筋力、手首をそらせる（背屈）筋力と曲げる（掌屈）筋力といった全身の筋力を発揮する経験が大切です。体つくり運動系（本章第1節参照）や固定施設を使った運動（本章本節❶参照）、吊り遊具を使った運動（本章第9節❸参照）に取り組み、姿勢の安定性や手で体重を支える力を育てましょう。また、鉄棒を行う際の両手に均等に力を入れて手を固定したまま全身を動かす経験は、両手に意識を向けて動かす動作（書字、食事、縄跳び、給食の配膳など）に役立つ力を育てることができます。

評価の視点

【知識及び技能】

・握る力と腕の力を高める運動の行い方を知り、手で体重を支えたり、道具を手で握りながら力を発揮したり、支持系の基本的な技及び発展技の土台づくりを行ったりしながら、運動のおもしろさを味わっている。

【思考力、判断力、表現力等】

・友だちの感想や気づきを聞いたり、友だちの動きをみたりして、試してみたい運動や友だちと一緒に行うと楽しい運動を選んでいる。

・自己の能力に適した課題を見つけ、その解決のための活動（道具の握り方や姿勢の安定のさせ方、安心して取り組める環境づくりなど）を工夫しながら、考えたことを友だちと伝えあっている。

【学びに向かう力、人間性等】

・運動に進んで取り組み、用具の組みあわせを工夫したり、友だちと役割を交代したりしている。

・順番や決まりを守り、誰とでも仲良く運動をしている。

・安全に活動できるように周囲の環境を整え、用具を安全に扱うように気をつけている。

★不安定さや姿勢が変わることに不安を感じる場合

　鉄棒のように足元が不安定な場所で、手の力だけで体重を支えなければいけない環境では、転落への不安が強くなることがあります。また、鉄棒は硬いためぶつかると痛みが出たり、握っている手への負担が大きく痛みが出てしまうことがあります。筋力の弱さ、前庭覚や触覚の過敏さがあると、より不安や痛みを強く感じることがあるので、日常とは違う視線、視界、回転する感覚を楽しむことができるように、「やってみよう」と思えるようなスモールステップで取り組む工夫をすることが大切です。

　ステップを考える際には、座った姿勢や立った姿勢から素早くしゃがむことができるか、床に落ちたものを座ったまま頭を下げて拾うことができるか、滑り台で頭を下にして滑り降りることができるか、マット運動でしゃがんだ姿勢から勢いよく前方や後方に転がろうとする動作ができるか、といった生活場面や運動場面の様子を参考にします。

誰でも楽しめる工夫 ‖‖‖‖‖‖‖‖‖‖‖‖‖‖‖‖‖‖‖‖‖‖‖‖‖‖‖‖‖‖‖‖‖‖‖‖

- ・感覚刺激に意識が向かない設定…高さへの不安や前庭覚への怖さ、痛みを感じやすいときは、ごっこ遊びやゲームを取り入れることで、自分の体の状態ではなく活動に意識を向けられるようにする。
- ・固定施設や用具…鉄棒運動はぶら下がって揺れたりする運動で、手で体重を支えたり、腕が伸びたりする感覚や体の動かし方（身体図式）を経験できる。肢体不自由などで鉄棒に足をかけたり足を振り上げて回ったりすることが難しくても、ブランコやハンモック補助具を使うことでぶら下がる感覚や揺れにあわせて体を動かす経験ができるように工夫する。
- ・運動中の姿勢…頭を下げた姿勢や逆さまの姿勢で視界の変化を楽しむことができる姿勢は人によって異なり、座っておしりがいすや床についているとき、立って両足が床についているとき、手で壁や手すりを握っているときなど、体が安定している状態や姿勢を手で支えられる状態だと安心して取り組めることがある。運動中の表情や姿勢を保つことができているか様子を確認しながら、活動の設定を工夫する。

ステップ **1**：安定した床面で頭を下げてみよう

　頭を下げた姿勢に意識が向いてしまうと不安や怖さを感じることがあるので、動物歩きでのだるまさんが転んだや鬼ごっこ、身を乗り出した姿勢で床面に近い場所での道具の操作（魚釣り、輪入れなど）、頭を下げて逆さまの視界での道具の操作（ボウリング、ストラックアウトなど）といったごっこ遊びやゲームを取り入れます。

安定した床面では予期せず揺れたりバランスを崩したりすることがないため、姿勢を保ちやすい環境になり不安や怖さを感じにくくなります。

ステップ**2**：安定した床面でスピードを感じながら頭を下げてみよう

ステップ1の活動に「速さ」を加えて、素早く頭を下げる設定、かつ、頭を下げた姿勢に意識が向かないように、馬跳びリレーやボール渡しリレーといったゲームを取り入れます。

頭を下げた姿勢や四つ這い、高這いの姿勢は、全身の筋力を必要とするため、子どもの疲労具合を確認し、時間や回数を工夫しましょう。

ステップ**3**：頭が下がった姿勢で過ごしてみよう

安定した床面がない環境や手足のどちらかでしか体重を支えられない環境で、頭が下がった姿勢を保ち、視界が逆さまになる感覚を楽しみます。ここでも、頭を下げた姿勢に意識が向かないように、視界が逆さまな中でボールを目で追って数えたり、ボウリングや風船バレーといったゲームを取り入れます。

逆さまの姿勢で前を向いたり目で物を追ったりすると、首周りの筋力をつけることができ、みる力を発揮しやすくなります。

69

④ 跳び箱を使った運動

〈歩幅を学びながらリズミカルに跳ぶ運動〉

配慮の視点

跳び箱を使った運動では、イメージしたとおりに素早く体を動かすことができた喜びや高いところから跳んだときの浮遊感、跳び越えられた達成感を楽しむことができます。用具を使っていろいろな動きや活動を体験することで、浮遊感や達成感を感じられるようにしましょう。また、高さへの怖さや着地への不安を感じさせない環境を工夫しましょう。

ねらい

高いところに跳び乗ったり、高いところから跳び下りることを楽しむためには、自分の体を持ち上げられる筋力と安全に着地できるバランスをとる力を高めることが大切です。跳び越える動作を身につけるには、全身をタイミング良く順番に動かす経験が大切です。高さへの怖さを感じないように、楽しめる高さを自分で選択できるようにしましょう。

ベーシック イメージどおりにジャンプや着地をする

■ 基本のルール

固定施設を使った運動（本章本節❶参照）で紹介した跳び箱をいろいろな高さで設置し、登ったり降りたりしながら進むコースをつくります。ジャンプして安全に着地できる高さを見つけ、床面に置いたフラフープの中に着地したり、ジャンプしながらハイタッチしたりします。ジャンプや着地の動きやタイミングをイメージし、イメージしたとおりに素早く体を動かす経験を重ねます。

■ 工夫する点

・コース…周回しながら、競争せずに自分のペースで体を動かし続けることができるようにする。

・周囲の環境…転倒や衝突しないように広いスペースを確保し、床面にマットを敷いたり緩衝材を設置したり、サポート役が待機して支えられるように工夫する。床面に置く着地の目印はぶつかっても痛くないような素材にし、みえやすいように色を工夫する。

・補助…手をつなぐのではなく、手すりのようにすぐにつかむことができる位置に手を出しておく。補助する場合は骨盤周囲や腰を支えるようにする。

低いコースも中に組みこみ、楽しく移動しながら、高さにもチャレンジしやすい環境をつくりましょう。

アドバンス　全身をタイミング良く順番に動かす

■ ルールの工夫

　跳び箱で求められる素早く全身を順番に動か
していく力は、体の動きを高める運動（本章第
1節❸参照）で紹介したように、体のどこを、
どのタイミングで、どのくらいの速さで、どの
くらいの強さで、どの方向に動かすかをイメー
ジ（運動企画）し、運動しながら「イメージど
おりに動いているか」、運動が終わった後に「イ
メージどおりに動くことができたか」を確認す

踏み台やラダーを使い、音楽やメトロノームに
あわせて前後の動き、左右の動きを組みあわせ
たり、手拍子を加えて手足の動きを組みあわせ
ていきます。

ることで育っていきます。体のどこを、どのタイミングで力を入れて動かすとイメージどおりに跳
ぶことができるのか、安定した床面での1工程の運動から始め、工程を増やしていきましょう。

■ 工夫する点（ベーシックプラスα）

・周囲の環境…高さに不安や怖さを感じる場合は、高さの出ないラダーや足マークを用意して安定
　した床面で取り組めるようにする。

運動の効果・効用 ‖‖‖‖‖‖‖‖‖‖‖‖‖‖‖‖‖‖‖‖‖‖‖‖‖‖‖‖‖‖‖‖‖‖‖‖‖‖‖

　跳び箱は、リズミカルに走ったり跳んだりする経験や手で体重を支える経験を重ねたり、運動を
イメージする（運動企画）力や素早く全身を協調的に動かす力を高められる運動です。しかし跳び
箱は見た目のインパクトから、硬くて大きな壁に向かって跳び上がることや先のみえない向こう側
に跳び下りることに、不安や怖さを感じたりすることも少なくありません。

　跳び箱の高さや跳び方の新しい技に挑戦することだけでなく、安全に楽しく取り組める用具を用
意して、手をついて跳び上がるのに怖くない高さや安全に着地できる高さを試行錯誤したり、ハー
ドル走や幅跳びの活動（本章第4節❶❷参照）で紹介した歩幅を学ぶ活動を通して、踏切の位置で
跳ぶための走る距離を試行錯誤することが大切です。

評価の視点 ‖‖‖

【知識及び技能】

・跳び箱運動の行い方を知り、高さに慣れたり手で体重を支えたり、切り返し系や回転系の基本的
　な技及び発展技の土台づくりを行いながら、運動のおもしろさを味わっている。

【思考力、判断力、表現力等】

・友だちの感想や気づきを聞いたり、友だちの動きをみたりして、試してみたい運動や友だちと一
　緒に行うと楽しい運動を選んでいる。

・自己の能力に適した課題を見つけ、その解決のための活動（着地の姿勢の安定のさせ方や用具の
　使い方、安心して取り組める環境づくりなど）を工夫するとともに、考えたことを友だちと伝え
　あっている。

【学びに向かう力、人間性等】

・運動に進んで取り組み、跳び箱の設置の仕方を工夫したり、友だちと役割を交代したりしている。

・順番や決まりを守り、誰とでも仲良く運動をしている。

・安全に活動できるように周囲の環境を整え、用具を安全に扱うように気をつけている。

★跳び箱のイメージを変える

　跳び箱は、いろいろな高さの「山」をつくり、高さを演出できる用具です。自分なりの乗り方や越え方の工夫を引き出すことで、楽しい用具であることを体験できるようにしましょう。一方で見た目のインパクトから、ぶつかったら痛そうだと感じたり、硬くて大きな壁に向かって跳ぶことが怖いと感じたり、跳び箱の先がどうなっているかみえないため落ちてけがをする不安を感じたりすることがあります。跳び箱と用具を組みあわせることで、柔らかい壁の印象をつくったり、跳び箱の先をイメージしやすいようにすることで取り組みやすくなります。自分で用具を組みあわせて、跳び箱の高さ、幅、柔らかさなどを工夫できるようにしましょう。

マットを使った工夫

　マットを重ねたり、マットを丸めたりして、柔らかい跳び場を用意します。跳び箱の上にマットを重ねて高さを出しながらぶつかっても痛くなさそうだと感じられるように工夫することもできます。跳び場の高さにあわせて、走って勢いをつけて跳んだり、またいだり、両足で跳び越えたり、よじ登ったり、上から跳び下りたりして、楽しく跳び箱の上を移動する方法を探しましょう。

　跳び箱の上から落ちたり、着地で転んだりすることでけがをしたり怖さを感じたりすることがあります。跳び箱の周囲にマットを敷いたり、近くにサポートする人を待機させるようにしましょう。

ペアやグループで助けあう工夫

　跳び箱をまたいだり跳び越えたりするときに、目でみて確かめた跳び箱の高さや幅にあわせて足を上げたり伸ばしたりします。跳び箱を遠くでみたときと近づいてみたときでは印象が変わり、イメージしていたよりも足を高く上げなければまたげなかったり、イメージよりも幅が狭く足を伸ばさなくても跳び越えられたりすることがあります。

　ペアやグループで、足の動きにあわせて跳んだり、縄跳びをしたり、障害物を跳び越えたりしながら、目でみて環境を捉えて、その環境にあわせて足を動かす（目と足の協応）経験を重ねられるようにしましょう。

触覚過敏などで手をつなぐことが難しい場合は、手袋をしたり、バトンやボールを介してつながるようにしましょう。

幅

　跳び箱を縦向きや横向きに設置して幅を変えることがありますが、決まった幅しか経験することができず、長くて跳び越えられないと感じたり、足が引っかかってしまうと感じたりして、挑戦しにくいことがあります。マットを使って幅を変えたり、用具を使っていろいろな幅をまたいだり跳び越えたりする経験を重ねられるように工夫しましょう。

新聞紙、バスタオルなどの身近にある用具を使うと不安や怖さを軽減することができ、イメージしたとおりに素早く体を動かす経験を重ね、浮遊感や跳び越えられた達成感を味わうことができます。

第3節 走・跳の運動

① 走る運動

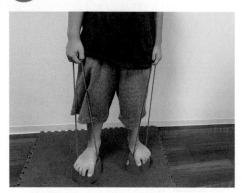

〈バランスをとる力を高める運動〉

配慮の視点

日常生活で走る場面では障害物をよけたり、段差を越えたり、道幅や床面もさまざまです。走る運動では、道幅や床面を工夫して、環境にあわせて体を動かす経験を積むことが大切です。

ねらい

走る運動はバランスをとる力が求められるので、正しいフォームを身につける前にバランスをとる力を育てることが大切です。また走った速さをはかったり、何周走ったかを数えたりすることで、速さの概念や数の概念の理解を促すことができます。

ベーシック 環境にあわせて走る

■ 基本のルール

　直線や曲線などのさまざまなコースを地面に描くだけでなく、三角コーンを並べたり、空間に人を立たせたりして、その間をぶつからないように走るコースを用意します。まっすぐに走ることが難しいときは、地面の線だけを頼りにするのではなく、コースの横に壁を用意してまっすぐ進む感覚を経験させることも大切です。平らな床面だけでなく、マットなどを敷いて不安定にしたり、ラダーやミニハードルでリズミカルに走ったり足を上げてまたいだりできるコースも用意しましょう。

■ 工夫する点

・コース…周回しながら、競争せずに自分のペースで体を動かし続けることができるようにする。

・移動方法…走る、歩く、四つ這い、車いす、キャスターボードなど、コースにあわせて自分で移動方法を選択し、周囲の安全に留意しながら1人で漕いだり、お互いに押しあったりする。

> 正しいフォームを意識させるより、地面の素材を変えるなどしてバランスをとる力を育てることでフォームも整ってきます。十分に走る経験を積み、バランスをとる力が育ってきてから、フォームを指導しましょう。

アドバンス 環境にあわせて走る＋速さを意識する

■ ルールの工夫

　周囲の環境にあわせた速さでの移動を意識できるように、フラフープを回している間に移動する、棒が倒れる前に移動するといった、目でみて速さがわかる工夫をします。日常生活では、走ってくる車や人とぶつからないようにタイミングをみて移動する場面も多くあります。

■ 工夫する点（ベーシックプラスα）

> フラフープを回している間に走って三角コーンを移動させたり、棒が倒れる前にキャッチできるように走ったりして、速さを意識します。車いすなどが通り抜けるまで待ってから走り、速さを捉えてタイミングをはかる力を育てます。

・持つ物、運ぶ物…物を持ったり運んだりする能力にあわせて、物の大きさ、重さ、持ちやすさを工夫する。

・周囲の環境…転倒や衝突しないように広いスペースを確保し、床面にマットを敷いたり緩衝材を設置する。

運動の効果・効用

　走る運動では、瞬間的に両足が地面についていない時間や、片足立ちになる時間があり、バランスをとる力が求められます。人が生まれてから歩くようになるまでの発達では、歩き始めの頃は脇を開いて手を高くあげた姿勢で歩きます（ハイガードでの歩行）。バランスをとることができるようになると、手を下げて歩くようになります（ローガードでの歩行）。バランスをとることが難しい場合、手を下げた正しいフォームで走ろうとするとバランスが崩れてしまうことがあるので、楽しく走る経験を重ねて、バランスをとる力を育てていきましょう。

評価の視点

【知識及び技能】

・走る運動の行い方を知り、距離や時間を決めて移動したり、用具を使ったコースを移動しながら、運動のおもしろさを味わっている。

【思考力、判断力、表現力等】

・友だちの感想や気づきを聞いたり、友だちの動きをみたりして、試してみたい運動や友だちと一緒に行うと楽しい運動を選んでいる。

・自己の課題を見つけ、その解決のための活動（用具の組みあわせや床面の素材、移動方法など）を工夫するとともに、考えたことを友だちと伝えあっている。

【学びに向かう力、人間性等】

・運動に進んで取り組み、用具を組みあわせたり、環境にあわせた移動方法を工夫したりしている。

・順番や決まりを守り、誰とでも仲良く運動をしている。

・安全に活動できるように周囲の環境を整え、用具を安全に扱うように気をつけている。

道具・ルールの工夫編

★走る時間を確保し、楽しむために

　一列に並んで一斉に走り出す活動では、待っている時間が長くなり十分に走ることができなかったり、スタートとゴールがあることで競争の要素が強くなり、環境にあわせて走ることや速度や時間を意識して走ることができなくなることがあります。走る時間を十分に確保し、楽しむことができるように設定や環境を工夫します。

コースを考えよう

　ベーシック運動のコースを組みあわせて自分たちでコースを設定します。どういったコースがあるのかを先に確認できるので、走ることが苦手でもコースのイメージを持ってからスタートできます。

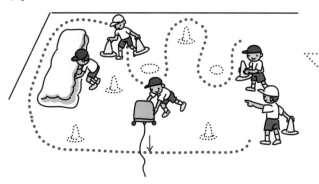

アドバンスの活動を組みあわせて、道を横切る人がいるゾーンをつくりタイミングをはかって通り抜けるようにするなど、設定を工夫することで楽しさが広がります。

ペアやグループで一緒に走ろう

先頭の人はフラフープの中に入ったり、横に出たりしながら走って進みます。先頭の人の走る速さにあわせたり、フラフープを目印にして一定の間隔を意識したりしましょう。

　目標となるものやゴールに向かってペアやグループで一緒に走ることで、方向や速さを意識しながら走りやすくします。

キンボールの大きな風船や大きなボールを投げて、落ちる前にキャッチします。1人だけではキャッチできないので、風船やボールという目標にグループで向かうことで、走る方向を意識しやすくなります。

ゴール地点で投げた風船が床に落ちる前にキャッチします。追いかける子どもは、立ったり、寝転がったり、座ったり、いろいろな姿勢からスタートしましょう。

円の周りに立ち、中心のペットボトル（矢印）を回してボールを投げる人を決めます。ボールを投げる人はペットボトル（矢印）が止まったらすぐにゴールに向かってボールを投げます。他の人は一斉にゴールを守りに走ります。

同じリズムで走ろう

　持久走で走り続けるためには、一定のペースで走り続けることも大切な要素です。ペアでしりとりやお話をしながら走ったり、歩数を数えながら走ったりすることで、走り始めにペースを上げすぎることなく、ゆったりと走ることができます。

音楽を流して走ることもありますが、人により心地良いペースが異なるので、どんなテンポの曲が走りやすいのか考えて試してみましょう。

バランスをとる力を高めよう

　フォームを整えて走るためには姿勢が安定している必要があります。竹馬、缶ぽっくり、三角馬などのバランスをとる力を育てる活動を取り入れましょう。

硬い床面、マットを敷いた柔らかい床面、マットが凸凹している床面など、いろいろな床面でチャレンジすることで難易度や楽しさを工夫できます。

② 跳ぶ運動

配慮の視点
跳ぶ運動では、体重を持ち上げられる筋力や移動する速さにあわせて、浮遊感やバランスをとる感覚を楽しむことができる環境を準備しましょう。

ねらい
跳ぶ「高さ」と移動する「距離」の2つの要素を段階づけて経験できるように、跳ぶことをサポートする用具を使ったり、移動する「距離」がわかりやすいように視覚的に示したり、環境を工夫しましょう。

ベーシック その場で跳ぶ・跳びながら移動する

■ 基本のルール
　トランポリンやジャンピングボード、バランスクッション、踏切板などを用意し、跳びやすい環境をつくります。その場跳びから、前後左右に動いたり、跳び下りたりして、跳び方によって変わる体の動かし方を学びましょう。ペアやグループで手をつないで一緒に跳んだり、ラダーを使うことで跳ぶ方向を意識しやすくしたり、壁に高さを記録することで、跳んだときの力の入れ方と跳んだ高さを結びつけやすくします。

■ 工夫する点
・人数…1人で跳んだり、手をつないでペアやグループで跳んだりすることで難易度が変わるので、一緒に行う人数を調整する。
・周囲の環境…跳び下りるとき、硬い床面だと怖さを感じることがあるので、床面にマットを敷いたり緩衝材を設置する。

壁や肋木を使い、跳び上がって印をつけて高さを確認できるようにします。

踏切板などの用具の上で連続して跳んでから跳び下ります。跳ぶ回数と跳び下りる方向を決め、回数を数えながら跳び下りるタイミングをつかみましょう。

輪になって手をつなぎ、輪の中心のリーダー役の指示に従って跳ぶ方向を変えながら移動します。

アドバンス またぐ・跳び越える

■ ルールの工夫

高さの異なる用具をまたいだり跳び越えたりして、足を上げる高さや跳ぶ高さの感覚をつかみます。感覚での理解が難しい場合、数字や印で視覚的に示して確認できるようにします。怖さを感じている場合、暗い環境でレーザーポインターをまたいだり、またぐ物を動かして足の下にくぐらせるようにサポートし、「できた！」を感じることが大切です。

■ 工夫する点（ベーシックプラスα）

・持つ物、運ぶ物…物を持ったり運んだりする能力にあわせて持つ物の大きさ、重さ、持ちやすさを工夫する。

・高さの理解…どのくらいの高さだとまたぐことができるか、跳び越えること

高さの違うゴム紐の道や、キックできる高さに物をぶら下げたコースを用意し、またぐことができる高さや、跳び越えられる高さを確認します。
階段の昇り降りは片足立ちになる時間があるのでバランスをとる力を育てられます。

ができるかわからない場合、動きを撮影しどの高さまで余裕をもってまたぐことができていたか確認できるようにする。またゴム紐などのまたぐ物に鈴をつけておき、音でも確認できるようにする。

運動の効果・効用

物に足をひっかけずにまたいだり跳び越えたりする動作は、日常生活の中でも頻繁に行われます。手に物を持って移動する際には足元がみえないので、高さにあわせてどのくらい足を上げると良いか感覚をつかんでおくことが大切です。体ほぐしの運動（本章第1節❶参照）で紹介した体の形（身体像）を記憶したり、体の動かし方（身体図式）を考える活動にも取り組みましょう。

評価の視点

【知識及び技能】

・跳ぶ運動の行い方を知り、用具をまたいだり、用具の高さにあわせて足を上げたり、遠くへ跳んだり、高く跳んだりしながら、運動のおもしろさを味わっている。

【思考力、判断力、表現力等】

・友だちの感想や気づきを聞いたり、友だちの動きをみたりして、試してみたい運動や友だちと一緒に行うと楽しい運動を選んでいる。

・自己の課題を見つけ、その解決のための活動（バランスをとる方法、足の上げ方、跳ぶことができる高さの感覚など）を工夫するとともに、考えたことを友だちと伝えあっている。

【学びに向かう力、人間性等】

・運動に進んで取り組み、用具を組みあわせたり、環境にあわせた体の動かし方を工夫したりしている。

・順番や決まりを守り、誰とでも仲良く運動をしている。

・安全に活動できるように周囲の環境を整え、用具を安全に扱うように気をつけている。

★足がもつれたりリズムがずれてしまう場合

けんけんぱのように素早く姿勢を変える運動は、思いどおりに体を動かすことができないと足がもつれたり、リズムが乱れることがあります。足元に目印があるとあわせようと意識しすぎて上手く跳べず楽しめないことがあるので、はじめは目印がない状態で跳びながら進みます。けんけんぱやスキップは空中で足の位置を変える必要があるので、足を思いどおりに動かす力を育てる活動を行いましょう。

誰でも楽しめる工夫 ||||||||||||||||||||||||||||||||||||||||||||||||||||||

・周囲の環境…立った姿勢でバランスをとったり、跳ぶ活動を行うときは、転倒したり用具にぶつかって痛い思いをしないように、床面にクッションや緩衝材を設置したり、使う用具を柔らかいクッションやマットで包んだりして、「やってみよう」と思うことができるような環境を準備する（第1章第2節❺参照）。

・運動中の姿勢…立った姿勢を保ちながら片足立ちになったり、足を思いどおりに動かすことが難しいときは、いすに座ったり、床に座ったり、安定した姿勢を保つことができる環境で活動する。

ステップ **1**：足を思いどおりに動かそう

足をイメージどおりに動かすことができるように、足で用具を操作します。

> 輪投げの輪の大きさや重さを変えることで、さまざまな力加減や足の動かし方を経験しましょう。

足上げゲームで、足を持ち上げる経験を重ねます。グループごとに合図で一斉に片足か両足を持ち上げ、同時に予想した足の本数が上がっていたらクリア、外れていたらアウトというゲームで楽しみましょう。

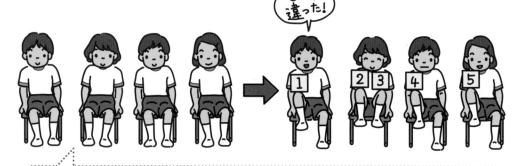

> 鏡をみながら数えたり、大人数にしたりすることで難易度が変わり、楽しみ方が広がります。

ステップ**2**：足の動きをイメージしてから動かそう

　足に袋をかぶせて跳びます。足の状態が目にみえないようにすることで、足の動きを意識しやすくします。ラダーの跳び方カードをつくり、先に跳び方を選んでイメージしてから取り組みます。前跳び、後ろ跳び、横跳び、スキップ、ツーステップなど、さまざまな跳び方や跳ぶ方向を工夫します。

リレーや鬼ごっこなどの活動を組みあわせると一体感を持って楽しめます。

白紙のラダーカードとポイントシールで自由に跳び方や跳ぶ方向を考えましょう。

ステップ**3**：周囲の環境にあわせて足を動かそう

　転がるフラフープやボールを跳び越えます。目でみて環境を捉え、環境にあわせて足を動かし、跳ぶ経験を重ねます。

転がす用具の大きさや転がす速度を変えることで難易度を調整できます。

　バンブーダンスでは、リズムを刻む棒をプールなどで使うスポンジ状の棒にすることで当たったときの痛みや怖さを軽減します。

跳ぶ人数やリズムの速さを工夫して、成功経験を重ねながら楽しめるようにしましょう。

③ リレー

配慮の視点

リレーで求められる「落とさないようにタイミングをあわせて相手に物を渡す」「素早く目的の場所まで物を運ぶ」という経験は、日常生活でも給食の配膳や荷物を渡すなど役立つ場面がたくさんあります。バトンのように小さいものを自分のチームのものとして意識し、空間的、時間的に離れたゴールに到達した喜びを感じられるように活動を考えましょう。

ねらい

落とさないように運ぶためにはどのくらいの量や重さが良いか、タイミングをあわせて相手に物を渡すときにはどういったコミュニケーションが必要か、どのような動きで渡せば受け取りやすいかを、まずは速さよりも正確な受け渡しを意識します。

ベーシック タイミングよくつかむ・離す

■ 基本のルール

　素早く正確に受け渡しするためには、タイミングよく物をつかんだり、離したりする必要があります。目的の場所で素早くつかむ、離す経験を重ねます。走りながら置いてあるものをつかんだり、座った状態で動いている箱に向かってボールを入れたりします。

■ 工夫する点

・持つ物、運ぶ物…物を持ったり運んだりする能力にあわせて持つ物の大きさ、重さ、持ちやすさを工夫する。

・移動方法…歩く、キャスターボードを使うなど、自分で移動方法を選択できるようにする。

車いすやキャスターボード、バスタオルの上に箱を乗せて移動させ、箱が目の前に来たときに箱に物を入れます。時間を決めて入れられた個数を数えたり、チームに分かれて数を競うなど設定を工夫すると楽しさが広がります。

周回できるコースの途中にいくつかのポイントを用意し、机の上に紙コップやペットボトル、ボールといった物を置きます。移動しながら置いてある物をつかみ、ゴールまで運びます。

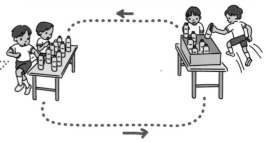

アドバンス 運び方を考える

■ 基本のルール

　ボールや牛乳パックなどを複数用意して、ゴールまで運ぶ方法を考えます。1人ずつ持って運ぶのか、一列に並んで順番に渡していくのか、どの方法が一番効率的か、順番に渡していくときは、個数や積み重ね方などを工夫して、落とさないようにするにはどうしたら良いか、アイディアを出しあいましょう。

運んだ物の置き方を工夫し、箱に収めるようにしたり、積み上げたりすると、何をどの順番で運んでいくか考えやすくなります。運ぶ物により難易度が変わり、例えば水を入れたコップを使うと、注意深く慎重に運んだり、相手と息をあわせる経験になります。

■ ルールの工夫（ベーシックプラスα）

・コース…立ったままで渡せる距離にしたり、少し離れて渡すときに移動するようにしたり、姿勢や動きの難易度を工夫する。

・人数…ゴールまでの距離や時間が変わるので、空間的、時間的に離れたゴールに到達した喜びを感じられるように、一緒に行う人数を工夫する。

運動の効果・効用

　リレーでは物を持つ、移動する、タイミングをあわせて相手に渡すといった複数の動作を同時に行う力が求められます。日常生活の中でも自分、道具、周囲の環境に注意を向けて体を動かす場面は多く、リレーでの経験は大切です。体つくり運動系（本章第1節参照）で紹介した体の形（身体像）の記憶や体の動かし方（身体図式）を考える力を育て、環境に注意を向けて体を動かす活動に取り組むことで、思いどおりに体を動かしリレーを楽しむことができるようになります。バトンを自分のチームの物だと意識し、空間的、時間的に離れたゴールに到達した喜びを感じることで「同じチーム」という所属感や「自分の物」という所有感を感じられます。ブロックパズルをすべて運び終えると1枚の絵ができあがるといったように、自分が運んだ物がゴールにたどり着きもたらされた結果をわかりやすくしましょう。

評価の視点

【知識及び技能】

・リレーの行い方を知り、物を手渡したりコミュニケーションをとったりしながら、運動のおもしろさを味わっている。

【思考力、判断力、表現力等】

・友だちの感想や気づきを聞いたり、友だちの動きをみたりして、試してみたい運動や友だちと一緒に行うと楽しい運動を選んでいる。

・自己の課題を見つけ、その解決のための活動（物の持ち方や物の渡し方、用具の組みあわせなど）を工夫するとともに、考えたことを友だちと伝えあっている。

【学びに向かう力、人間性等】

・運動に進んで取り組み、用具の組みあわせやルール、環境にあわせた移動方法を工夫している。

・順番や決まりを守り、誰とでも仲良く運動をしている。

・安全に活動できるように周囲の環境を整え、用具を安全に扱うように気をつけている。

道具・ルールの工夫編

★物の特徴にあわせた力のコントロールを経験する

　物を握ったり、持ったり、運んだりする際には、素材、重さ、硬さ、形、大きさにあわせて力の入れ具合をコントロールする必要があります。物の素材によって、つるつるしていたら力を入れる、ちくちくしていたら力を抜くといったように、触覚を感じて力の入れ具合をコントロールします。また、重たいときには力を入れる、柔らかくて壊れやすいときには力を抜くといったように、重さや硬さを感じる固有覚を使って力の入れ具合をコントロールします。

　形や大きさによって、両手だと持ちやすいもの、手のひらで握ると持ちやすいもの、指先でつまむと持ちやすいものなど、持ち方を自然に変えて効率よく運ぶことができるように、さまざまな手の使い方を経験することが大切です。触り心地の異なる素材や、はっきりと重さや硬さの違いがわかるもの、いろいろな形や大きさの物を用意して、物の特徴を捉える経験を重ねましょう。

大きいものを運ぼう

　前がみえないくらい大きなものを運ぶときに、両手をどのような位置に置けば持ちやすいか、足元を確認するためにどのように持ち上げれば良いか、持ち方を工夫しましょう。

　1人で運ぶときの持ち方とペアやグループで運ぶときの持ち方の違いを感じましょう。

滑るものを運ぼう

　ビーチボールやペットボトルなど水洗いできるものにハンドソープをつけて運びます。ハンドソープをつけるときとつけないときの違いを感じて、落とさないように慎重に運ぶ工夫を考えましょう。

落としても割れたり壊れたりしないものを使います。ぬるぬるした感覚が苦手な場合は、ゴム手袋や軍手をはめて、滑りやすいものを持つときの工夫を経験しましょう。

みないで運ぼう

グループで目隠しをして物を手渡したり、転がしたりしてゴールまで運びます。目でみて確認できないようにすることで、触り心地（触覚）や重さと硬さ（固有覚）を意識しやすくします。

目隠しをすることが難しい場合は、部屋を暗くするなど環境を工夫しましょう。

道具を使って運ぼう

棒やフラフープに三角コーンやボールなどの物を乗せて運びます。手に触れていない物の素材、重さ、硬さ、形、大きさなどを意識して、目でみて確認しながら体の動かし方を工夫します。

1人で運ぶときの持ち方とペアやグループで運ぶときの持ち方の違いを感じたり、声をかけあってコミュニケーションをとりながら一緒に動く経験を重ねましょう。

足で運ぼう

手で物を渡していくだけでなく、足を使ってもリレーを楽しむことができます。安定した箱や転がりやすいボールなど、それらを組みあわせて大きさや重さを変えることで、楽しさが広がります。

座った姿勢で取り組んだり、立って移動しながら運んだり、隣の人との距離を工夫したりすることで難易度を調整しましょう。

第4節　陸上運動系

❶ ハードル走

〈目と足を協応して動かす力を高める運動〉

配慮の視点

ハードル走では、上半身と下半身を協調させて動かす力をつけ、ハードルの位置や高さを目でみて捉えてタイミングよく足で踏み切る（目と足の協応）動作がスムーズに行えるようにします。ハードルの高さや環境を工夫して怖さを感じず楽しめるようにしましょう。

ねらい

目標物までの距離と高さを目でみてはかり、目標物までの歩数や足を上げる高さをイメージできるように、体の形の記憶や体の動かし方を考える力を高めましょう。

ベーシック　目標物の越え方を工夫する

■ 基本のルール

　目標物までの距離によって到着するまでの歩数が変化すること、高さや幅によって足の上げ方が変わることを経験します。体ほぐしの運動（本章第1節❶参照）の環境にあわせて体を動かす活動や、跳ぶ運動（本章第3節❷参照）のまたぐ・跳び越える活動にも取り組んでみましょう。

■ 工夫する点

・周囲の環境…転倒や衝突しないように広いスペースを確保し、床面にマットを敷いたり緩衝材を設置する。

・目標物…ぶつかっても痛くないように柔らかい素材の物を用意し、いろいろな距離、高さ、幅で設置する。

・目標物の越え方…またぐ、跳ぶだけでなく、手足をついてカエル跳びのように越えたり、横向きに越えたり、いろいろな動き方を自分で選択できるようにする。

決められた時間で越えられた目標物を数えたり、決められた数の目標物をすべて違う運動方法で越えるといった工夫により楽しさが広がります。車いすやキャスターボードなどを使って目標物を周りながら進むことで、目標物の幅によって漕ぎ方が変わることも経験できます。

アドバンス タイミングをあわせて目標物を越える

■ ルールの工夫

目標物を越える動きを経験したら、次はタイミングをあわせて運動してみましょう。ペアになり、目標物にロープをつけて引っ張る人と、動く目標物を越える人に分かれます。目標物を動かす速さを変えたり、目標物の高さや幅を変えながら、タイミングをあわせてまたいだり跳んだりする経験を重ねましょう。

■ 工夫する点（ベーシックプラスα）

・目標物の動かし方…速度や動かす方向などを一定にしたり、ランダムにしたり、運動の変化を楽しめるようにする。

ペアやグループでリレーにしたり、目標物を越えるたびに前跳び、横跳び、後ろ跳びなど運動方法を変えたり、楽しめる工夫を考えましょう。

運動の効果・効用 ‖‖‖

目標物を越えるときに前に出す足は目にみえていますが、後から越える足は目にみえないので、目標物に足が当たったときと当たらなかったときの運動感覚の違いから、足の長さや足を上げたときの高さといった体の形（身体像）を記憶したり、体の動かし方（身体図式）を考えられるようになります。

また、目標物を越える運動は上半身と下半身を協調させることが求められ、体のどこを、どのタイミングで、どのくらいの速さで、どのくらいの強さで、どの方向に動かすかをイメージする（運動企画）経験を重ねることができます。足元がみえない状況でも足の動きをイメージ（運動企画）して環境にあわせて動く経験は、荷物を持ちながら移動するときに手と足を協調させて動かすといった日常生活の場面でも役立ちます。まずは、目でみて確認しながら足を動かして、目でみた様子と実際に動いた感覚をすりあわせていきましょう。

評価の視点 ‖‖

【知識及び技能】

・ハードル走の行い方を知り、用具をまたいだり、用具の高さにあわせて足を上げたり、跳ぶタイミングを意識しながら、運動のおもしろさを味わっている。

【思考力、判断力、表現力等】

・友だちの感想や気づきを聞いたり、友だちの動きをみたりして、試してみたい運動や友だちと一緒に行うと楽しい運動を選んでいる。

・自己の課題を見つけ、その解決のための活動（バランスをとる方法、足の上げ方、跳ぶことができる高さ、跳ぶタイミングなど）を工夫するとともに、考えたことを友だちと伝えあっている。

【学びに向かう力、人間性等】

・運動に進んで取り組み、用具を組みあわせたり、環境にあわせた体の動かし方を工夫したりしている。

・順番や決まりを守り、誰とでも仲良く運動をしている。

・安全に活動できるように周囲の環境を整え、用具を安全に扱うように気をつけている。

ステップアップ編

★踏み切る位置が近すぎたり、目標物の前で止まってしまう場合

　足元をみずに目標物をみて距離や高さを予想し、歩数や足を上げる高さを考えるためには、自分の歩幅はどれくらいか、どれくらいまで足を上げられるかといった体の大きさと、足の位置関係（身体像）や体を動かしたときの感覚（身体図式）を把握していないと、目標物に近づきすぎたり、ぶつかってしまったりすることがあります。

　また、目標物に向かって跳ぶ運動は、跳び越えるための体の動かし方をイメージ（運動企画）できていなかったり、跳び終えたときの着地のイメージ（運動企画）ができていないと怖さを感じることがあります。まずは目標物までの距離を適切に捉え、到着までの歩幅を予想できるようにスモールステップで取り組んでみましょう。

誰でも楽しめる工夫 ||||||||||||||||||||||||||||||||||||||||||||||||

- 体の動かし方…体の形（身体像）の記憶や体の動かし方（身体図式）を考える力を育てるためには、いろいろな姿勢になったり、いろいろな体の動かし方をする中で、歩数が足りなかったり、遠くて足が届かなかったり、小さい歩幅で到着できたりと、イメージしていた動きと実際の動きの違いを感じることが大切である。体の動かし方を試行錯誤しながら自分の体と向きあい、お互いの動き方を尊重しあえるような雰囲気をつくる。
- 運動をイメージするタイミング…運動への意欲があり「すぐにやってみたい」という思いから、運動をイメージする前に動き始めてしまうことがある。スタートラインを決めたり、スタート前に運動のイメージを言葉にして伝えあうようにし、運動をイメージするタイミングを設定する。
- 周囲の環境…コースに設置する用具は、つまずいたりぶつかったりしても痛くないように柔らかい素材にしたり、姿勢が崩れないように安定しているものにすることで、「やってみよう」という気持ちを引き出すことができる環境をつくる（第1章第2節❺参照）。

ステップ1：歩幅を知ろう

　2本のロープで川をつくり向こう岸に渡ります。川幅を変えたり、川の中にハードルやフラフープで障害物をつくったり、マットを重ねて島をつくったりして、またいだり、跳び越えたり、上に乗ったりします。自分の歩幅で渡りやすい距離をつかみましょう。

> 川の中にワニ役の人が隠れていたり、逃げ遅れた島の仲間を助けに行ったり、ストーリー性をもたせることで低学年から中学生まで幅広く楽しむことができます。

ステップ**2**：歩幅を調整しよう

　スタートからゴールまで歩いたときと走ったときの歩数を数えたり、先に歩数を決めてゴールするまでの歩幅を調整したり、フラフープやマットで決めた歩幅で移動したりします。ゴールに目標物を置いてそのまま跳び越えたりもしてみましょう。

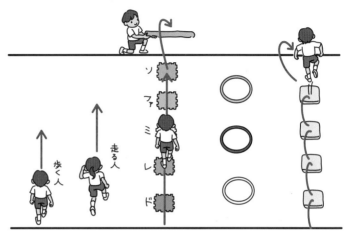

> 目標物をスポンジ素材の柔らかいものにして、ぶつかる怖さを軽減します。踏むとドレミの音が出るマットを使うと、リズミカルに移動する感覚をつかみやすくなります。

ステップ**3**：距離や高さを予想しよう

　スタートラインから指定された歩数で進み、誰かにタッチします。自分の歩幅をイメージして、どのくらいの距離だったら何歩でたどり着くことができるのか、イメージと実際の動きを重ねあわせてみましょう。

「5歩で！」

> だるまさんがころんだの遊びを取り入れたり、鬼ごっこのように役割を交代したり、進み方（前歩き、横歩き、後ろ歩き、四つ這いなど）を指定したり、設定を工夫すると楽しさが広がります。車いすやキャスターボードでは何回漕いだら到着できるかをイメージしてみましょう。

　高さや幅の異なる目標物を用意します。スタートラインで目標物を越えることができるのか、そのときにまたぐのか、跳び越えるのか、上に登ってから降りるのかをイメージしてから目標物に近づき、イメージどおり動いてみます。イメージと実際の動きを重ねあわせてみましょう。

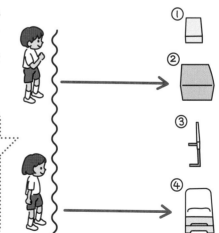

> 目標物が遠くにあるときと近くにあるときでは見え方が変わります。遠くからと近くでみたときの動きのイメージを重ねあわせて、自分はどのくらいの高さ、幅の目標物をまたぐことができるのか、跳び越えることができるのか、一度上に登って降りることができるのかを確かめてみましょう。

❷ 幅跳び

配慮の視点

幅跳びでは、空中での浮遊感、着地したとき
に感じる強い刺激、遠くに跳ぶ達成感を味わ
うことができるように、跳びやすい環境や安
全に着地できる環境を工夫しましょう。

ねらい

前庭覚の過敏さにより浮遊感や不安定な場所
への着地に怖さを感じたり、触覚の過敏さに
より砂地への着地にストレスを感じることが
あるので、安心して楽しめるように環境を工
夫します。また、体の動きを高める運動（本
章第1節❸参照）で紹介した筋力をつける活
動にも取り組み、体重を持ち上げるだけの十
分な筋力をつけましょう。

ベーシック　安全な着地の経験

■ 基本のルール

　勢いをつけて跳んだときに安全に着地するためには、体重を支えられる下半身の筋力、バランス
をとる力、転びそうになったときに手をついて支える力が必要です。前庭覚を感じ、体のどこの筋
肉に、どれくらい力を入れたら良いかを判断して、意識をせずにバランスをとる経験を重ねながら、
安全に着地できる力を高めましょう。

■ 工夫する点

・周囲の環境…転倒や衝突しないように広いスペースを確保し、床面にマットを敷いたり緩衝材を
　設置する。
・補助…手をつなぐのではなく、手すりのようにすぐにつかむことができる位置に手を出してお
　く。体を支える場合は骨盤周囲や腰を支えるようにする。
・高さ…安全に着地できると思うことができる高さからはじめ、スモールステップで高いところか
　ら跳んで着地する経験を重ねる。

　高跳び用マットへ跳びこみます。はじめは床面か
らマットに倒れこんで受け身をとったり、手をつい
て支えたりします。

少しずつ高いところから跳んで、着地のときの体
の使い方や姿勢を支える方法を身につけます。

アドバンス　空中での浮遊感の経験

■ ルールの工夫

　遠くに跳ぶために勢いよく走り跳び上がると、空中で姿勢を保ったり着地の構えをつくったりできず、姿勢が崩れて怖さを感じてしまうことがあります。まずは高く遠くに跳ぶことではなく、空中での浮遊感を味わい楽しめるように、安心して跳べる環境をつくりましょう。

■ 工夫する点（ベーシックプラスα）

・動きの確認…イメージした姿勢と実際の姿勢の違いを ICT を活用して確認できるようにする。

・用具の設置…安心して着地できるマットを複数用意して、繰り返し取り組めるようにする。

　跳び箱やマットを使って真ん中が空いている道をつくります。3 人グループで手をつなぎ、サイドの人は跳び箱やマットの上を移動し、真ん中の人はジャンプして空中を移動します。

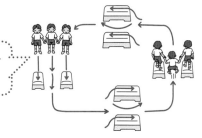

> コースをサーキットにすることで繰り返し取り組んだり、リレーや鬼ごっこなどの設定を工夫することで楽しさが広がります。

運動の効果・効用 ||||||||||||||||||||||||||||||||||||||||||||||||||||||||||||||||

　幅跳びでは、リズミカルに走りタイミングよく踏み切り、お腹を前に出す感覚で跳んだ後、空中で体を曲げて（屈曲）足を前に出し、膝を柔らかく使って軽くしゃがんだ姿勢で着地するといった素早い姿勢の変化を経験でき、運動をイメージする（運動企画）力を高めることができます。体の動きを高める運動（本章第 1 節❸参照）で紹介した運動に取り組みましょう。

評価の視点 ||||||||||||||||||||||||||||||||||||||||||||||||||||||||||||||||||||||

【知識及び技能】

・幅跳びの行い方を知り、リズミカルに走ったり、着地や空中で姿勢を保ったりしながら、運動のおもしろさを味わっている。

【思考力、判断力、表現力等】

・友だちの感想や気づきを聞いたり、友だちの動きをみたりして、試してみたい運動や友だちと一緒に行うと楽しい運動を選んでいる。

・自己の課題を見つけ、その解決のための活動（用具の組みあわせや床面の素材にあわせた姿勢の保ち方など）を工夫するとともに、考えたことを友だちと伝えあっている。

【学びに向かう力、人間性等】

・運動に進んで取り組み、用具を組みあわせたり、環境にあわせた姿勢の保ち方を工夫したりしている。

・順番や決まりを守り、誰とでも仲良く運動をしている。

・安全に活動できるように周囲の環境を整え、用具を安全に扱うように気をつけている。

★前に跳ぶことが怖い、前に跳ぶ感覚がつかめない場合

　ハードル走のように小さく前に移動することはできても、大きく前に移動することに怖さを感じてしまうことがあります。姿勢を保つのが苦手だと、大きく前に跳んで移動する際に、空中での姿勢を保つ力と着地で瞬間的に姿勢を保つ力の2つが求められるため、姿勢が崩れることに不安を感じたり、前庭覚の過敏さにより大きく移動することにストレスを感じたりします。また、ハードル走では目印があるので前に移動しやすくなりますが、幅跳びのように目印が遠くにあると、距離をはかって体の動かし方をイメージすること（運動企画）が難しくなり、大きく前に移動できないことがあります。

　安全に着地する経験や空中での浮遊感を経験できるようにベーシックとアドバンスの活動に取り組みながら、大きく前に移動するための体の動かし方を身につけましょう。

誰でも楽しめる工夫 ||||||||||||||||||||||||||||||||||||||||||||||||||||||

・周囲の環境…着地でつまずいたりぶつかったりしても痛くないように、硬い床面ではなく柔らかいマットを設置することで、「やってみよう」という気持ちを引き出すことができる環境をつくる（第1章第2節❺参照）。

・取り組む回数…踏み切る動きから着地までの素早い姿勢の変化が自然にできるようになる（運動学習）ためには、1回ずつではなく連続して運動に取り組みイメージをつかむことが大切である。順番に並んで1回ずつ取り組むような設定では、上手くできなかったときに試行錯誤したり、上手くできたときの運動を繰り返して体の動いた感覚を記憶したりすることができないので、3〜5回ずつ連続して取り組むことができる設定に工夫する。

ステップ **1**：足元をみてジャンプ

薄手マット

ふかふかマット

イルカ
カンガルー
うさぎ
カエル

　前に移動する目印になるようにマットに数字やイラストを描き、前方のマットをみながら跳んでみましょう。

> 柔らかいマットでは痛みへの不安を軽減でき、沈みこみが少なく、安定したマットでは姿勢を保ちやすくなるので、マットの柔らかさや厚みを工夫し、安心して取り組める環境を選択できるようにしましょう。

ステップ**2**：空中をみてジャンプ

前上方に跳び上がって手でタッチできるように、ジャンプタッチ板やロープに目印をぶら下げます。前上方の目印をみながら跳んでみましょう。

> はじめは目印の近くから跳んでタッチし、少しずつ距離を遠くしていきましょう。

ステップ**3**：距離をはかってジャンプ

動いている島に跳び移るゲームです。近い距離、遠い距離で前に移動する経験を重ねましょう。マットを島に見立てて、海に落ちないように跳び移ります。跳び方や着地の仕方を考えて、安全に跳び移ることができる距離をはかりましょう。

> サメ役に食べられないようにしたり、カメ役が手を貸してくれたり、ストーリー性をもたせることで低学年から中学生まで幅広く楽しむことができます。

コラム

目と足を協応させる力を高める

目でみて環境を捉えて、その環境にあわせて足を動かす（目と足を協応させる）力は、日常生活の中でも階段の昇り降り、段差をまたぐ、ボールを蹴るといった場面で必要とされます。陸上運動でもハードル走、幅跳び、高跳びなどのさまざまな場面で発揮される力です。

> ラダーの中に足マークや数字を書いて、決められた道順で走ったり跳んだりしながら進みます。マークや数字の距離を狭くしたり遠くしたりすることで、小さい歩幅で走ったり、大きくジャンプしたり、足の動かし方を変えてみましょう。

③ 高跳び

〈背中を意識した運動〉

配慮の視点

高跳びでは、空中での浮遊感や、高く跳ぶ達成感、跳び方により体の動かし方が変わるおもしろさを味わうことができるように、跳びやすい環境や安全に着地できる環境を工夫しましょう。

ねらい

跳び上がって高い位置で頭を下げる姿勢になったり、背面を意識して柔軟に姿勢を変えたりできるように、前庭覚の過敏さへの配慮をしながら、体の形を記憶して動かし方を考えられるように環境を工夫しましょう。

ベーシック 跳びながら姿勢を変化させる

■ 基本のルール

　瞬間的に高く跳び上がるためには、体重を持ち上げる筋力が必要です。また高く跳び上がることで視界が変わるため、高さに慣れたり、空中で頭を前方に下げて回転する動きにつながる姿勢や、背面を意識しながら後ろ向きに着地したり移動したりする動き方などを経験しましょう。トランポリンで跳びながら空中や着地で姿勢を変えたり、ぶつかっても痛くないゴム紐を跳び越えたりする活動でいろいろな姿勢を試してみます。

■ 工夫する点

・目標物…ぶつかっても痛くないようにゴム紐などの柔らかい素材を用意する。

・目標物の越え方…またぐ、跳ぶだけでなく、手足をついてカエル跳びのように越えたり、横向きに越えたり、いろいろな動き方を自分で選択できるようにする。

・動きの確認…自分でイメージした空中や着地での姿勢と実際の姿勢に違いがないか、イメージした跳び方になっているか、ICTを活用して確認できるようにする。

トランポリンでポーズをとりながら跳躍したり、マットに跳びこんだ向きと違う方を向いて着地したり、姿勢の変化を楽しみます。カメラの連写機能を使って跳んだ高さや姿勢の変化する様子をみてみましょう。跳ぶ前の踏切動作や着地の動作をみると、高く跳んだり安全に着地できたときの動作を身につけるヒントになります。

アドバンス 背面を意識して運動する

■ ルールの工夫

　高跳びのバーに背中や足が触れないように背中をそらせたり、曲げたり、足を高く上げたりします。背面を意識した活動を通して、体の形（身体像）を記憶し、体の動かし方（身体図式）を考えてみましょう。

■ 工夫する点（ベーシックプラスα）

・周囲の環境…転倒や衝突しないように広いスペースを確保し、床面にマットを敷いたり緩衝材を設置したり、サポート役が待機して支えられるように工夫しましょう。

> 背中やおしりを使って押しあい、体重を支える筋力を高めましょう。背中やおしりにかかる力や動きにあわせて体を動かすことで触覚や固有覚を感じ、体の形（身体像）を記憶し、体の動かし方（身体図式）を考えやすくなります。

運動の効果・効用 |||||||||||||||||||||||||||||||||||||||||||||||||||||||||||||||

　高跳びでは、リズミカルに走り、タイミングよく踏み切るための目と足を協応させて動かす力を育てることができます。バーの高さにあわせて跳躍の高さや足の上げ方、空中での姿勢を変えることで、体の形（身体像）を記憶し、体の動かし方（身体図式）を考え、特に体の背面や足先まで意識することができるようになります。体の背面や足先まで意識することで、狭い場所や足元がみえない状況でもつまずかずに移動できます。跳ぶことができる高さの記録を更新することだけでなく、跳ぶときの体の動かし方を身につけたり、足先まで意識できるような活動を工夫しましょう。

評価の視点 |||||||||||||||||||||||||||||||||||||||||||||||||||||||||||||||

【知識及び技能】

・高跳びの行い方を知り、用具をまたいだり、用具の高さにあわせて足を上げたり、背中や足の動きを意識しながら、運動のおもしろさを味わっている。

【思考力、判断力、表現力等】

・友だちの感想や気づきを聞いたり、友だちの動きをみたりして、試してみたい運動や友だちと一緒に行うと楽しい運動を選んでいる。

・自己の課題を見つけ、その解決のための活動（バランスをとる方法、足の上げ方、跳ぶことができる高さの感覚、背中や足の動かし方など）を工夫するとともに、考えたことを友だちと伝えあっている。

【学びに向かう力、人間性等】

・運動に進んで取り組み、用具を組みあわせたり、環境にあわせた体の動かし方を工夫している。

・順番や決まりを守り、誰とでも仲良く運動をしている。

・安全に活動できるように周囲の環境を整え、用具を安全に扱うように気をつけている。

★バーまでの距離がつかめず踏切位置が近すぎる場合

　高く跳ぼうと思って助走でスピードを上げすぎ、歩幅や歩数を意識できなくなったり、助走のスタート位置からバーまでの距離やバーの高さを把握できず、バーに近づきすぎてしまったり、遠すぎて跳び越えられなかったりすることがあります。ハードル走（本章本節❶参照）で紹介した活動にも取り組み、歩幅や歩数、距離を予測して移動する力を育てましょう。

　また、繰り返しバーを跳び越える経験を重ねる中で、バーを跳び越えやすい踏切位置を見つけられるように、安定した床面で安心して取り組めるように工夫します。移動しながらまたいだり、跳び越えたりする動作は日常生活のあらゆる場面で行われます。そのとき、手に荷物を持っていたり、会話をしていたり、他の動作をしながら行われるので、つまずいたり転んだりしないように足の上げ方、動かし方をしっかりと身につけておくことが大切です。

誰でも楽しめる工夫

・体の動かし方…体の形（身体像）の記憶や体の動かし方（身体図式）を考える力を育てるためには、いろいろな姿勢になったり、いろいろな体の動かし方をする中で、バーに近づきすぎてぶつかったり、バーに足や背中が当たったり、予想していたよりも足を上げずにまたげたりと、イメージしていた動きと実際の動きの違いを感じることが大切になる。体の動かし方を試行錯誤しながら自分の体と向きあい、お互いの動き方を尊重しあえるような雰囲気をつくる。

・運動をイメージするタイミング…「すぐにやってみたい」という思いから、運動をイメージする前に動き始めてしまうことがある。スタートラインを決めたり、スタート前に運動のイメージを言葉にして伝えあうようにしたりして、運動をイメージするタイミングを設定する。

ステップ **1**：ラインを踏まずにジャンプ

　床に描いたラインを踏まないようにしたり、片足でまたいだり、跳び越えたりして移動します。

> 周回できる設定で、競争せずに自分のペースで体を動かし続けることができるようにしたり、リレーや鬼ごっこなどの設定を工夫したりすることで楽しさが広がります。車いすやキャスターボードなどで取り組むときは、ラインを踏まないように右側か左側か避ける方を決めてラインの横を移動します。

ステップ**2**：目標物を踏まずにジャンプ

ステップ１のサーキットのコースで、ラインの上にゴムやロープを張ったり、ミニハードルを置き、またいだり跳び越えたりします。

> 目標物は片足でまたいだり跳び越えたりできるくらいの高さにします。片足を上げると姿勢が不安定になるときは、ペアで移動して補助したり、床面にマットを敷いて安心して取り組めるようにしましょう。

ステップ**3**：着地の姿勢を変えよう

横向き

ステップ１やステップ２のサーキットのコースで、ラインや目標物を跳び越えた後、指定された方向を向いたり、指定された姿勢で着地します。

> 周回できる設定にし、競争せずに自分のペースで体を動かしたり、跳ぶ準備をしたり、姿勢を変える動き方をイメージできるようにしましょう。

コラム

足を上げて筋力を高める

座った姿勢で転がってくるボールに当たらないように足を上げ、腹筋やおしり周りの筋力を高めます。ボールの大きさにあわせて足を上げることで、足の形を記憶し、足の動かし方を考えやすくします。

> チームに分かれて転がし、ドッジボールをするといった工夫で楽しさが広がります。

❹ 投の運動

配慮の視点

投の運動では、投げる物の大きさ、重さ、素材によって体の動かし方を変え、イメージどおりに投げることができた達成感を感じることができます。イメージどおりの軌道や距離、高さに投げることができるように、投げる動作を十分に経験できるようにします。

ねらい

投げる物によって、握り方、手足を動かすタイミング、力を入れるタイミングが変わります。投げる物の特徴を捉えたり、全身を協調的に動かして、投げる物にしっかり力を伝えられるように、投げる動作や投げた物の軌道を確認できるようにしましょう。

ベーシック ## さまざまな素材の物を投げる経験

■ 基本のルール

　投げる物の素材によって触覚が異なるため、つるつるした素材は力を入れて握ったり、ちくちくした素材は力を入れすぎないようにして握ったりと、握る力の入れ具合が変わります。大きさや重さによっても、握るときの手の形や、全身の力の入れ具合が変わるので、投げる物の特徴にあわせて体の動かし方（身体図式）をイメージできるようにしましょう。

　まずは投げる経験を十分に重ねられるように、床に散らばった大きさ、重さ、素材の違うボールやビーンバッグなどを投げてみましょう。あわせて、リレー（本章第3節❸参照）で紹介した物の特徴にあわせた力のコントロールが経験できる活動にも取り組みましょう。

■ 工夫する点

・投げる物…物を持ったり運んだりする能力にあわせて、物の大きさ、重さ、持ちやすさを工夫する。

・周囲の環境…投げた物がぶつからないように、広い環境で距離をとりながら行う。

・動きの確認…投げる物によって投げる動作がどのように変化するか、ICTを活用して確認できるようにする。

ゴール役の人は手で輪をつくったり、箱やフラフープを持ったりします。同じゴールに向かっていろいろな物を投げ入れ、投げる動きの違いを感じましょう。また、同じ物をいろいろなゴールに向かって投げ入れ、投げる方向や高さによる動きの違いを感じましょう。

アドバンス さまざまな素材の物を前上方に投げる

■ ルールの工夫

物を遠くに投げるためには、軌道をイメージして前上方に向かって投げることが求められます。フラフープを使って、実際に投げた物の軌道がイメージどおりだったかを確認します。

■ 工夫する点（ベーシックプラスα）

・軌道の確認…フラフープを使って投げる物が通る道をつくり、軌道を確認しやすくする。

・投げ方…軌道にあわせて、上から投げたり、下から投げたり、横から投げたり、投げ方を考えて自分で選択できるようにする。

投げる人が軌道をイメージしてフラフープの位置や高さを決めたり、フラフープを持つ人が決めた軌道にあわせて投げるように、投げ方を工夫してみましょう。

運動の効果・効用

投げる物の特徴を捉えるためには、触覚や固有覚を感じて大きさ、形、重さ、素材を捉えることが大切です。触覚が過敏で物に触れることが難しいときは手袋をつけたり、触覚を感じ取りにくく物に触れるときに力を入れすぎてしまうときは刺激の強いざらざら、ちくちくした素材を使うなど、素材の特徴を捉えやすくする工夫をしましょう。また物の特徴にあわせて力の入れ具合を考えたり、持ち方や体の動かし方を変えたりする経験により、道具の操作や荷物を運ぶ動作といった日常生活でも役立つ力を育てることができます。

評価の視点

【知識及び技能】

・投の運動の行い方を知り、用具の特徴にあわせた力の入れ具合や体の動かし方を意識しながら、運動のおもしろさを味わっている。

【思考力、判断力、表現力等】

・友だちの感想や気づきを聞いたり、友だちの動きをみたりして、試してみたい運動や友だちと一緒に行うと楽しい運動を選んでいる。

・自己の課題を見つけ、その解決のための活動（用具の持ち方、力の入れ具合、用具の組みあわせ、体の動かし方など）を工夫するとともに、考えたことを友だちと伝えあっている。

【学びに向かう力、人間性等】

・運動に進んで取り組み、ボールの特徴を捉えようとしたり、用具の組みあわせを考えたりしている。

・順番や決まりを守り、誰とでも仲良く運動をしている。

・安全に活動できるように周囲の環境を整え、用具を安全に扱うように気をつけている。

★身の回りにある用具を活用しよう

　陸上競技で使われるような砲丸、円盤、ハンマー、槍といった専門的な重さや長さが決められた用具を使う前に、身の回りにある投げやすい大きさや重さの用具を使って投げる動作を十分に経験できるようにしましょう。身の回りの物を投げたときにどんな飛び方をするか、投げ方によって飛ぶ距離が変わるかを確認しながら、物の特徴を捉える力を高めたり、体のどこを、どのタイミングで、どのくらいの速さで、どのくらいの強さで、どの方向に動かすかをイメージ（運動企画）し、イメージどおりに投げるための体の動かし方（身体図式）を身につけられるようにしましょう。

タオルを使ったハンマー投げ

　タオルに結び目をつくり、ハンマー投げのように回転しながら投げてみましょう。タオルの長さや結び目の位置を変えたり、重さを加えたり、片手で投げたり、両手で投げたり、いろいろなアイディアを出しあいましょう。

両手に1つずつ持って回したり投げたりすることで、縄跳びのように両手動作が必要な運動の土台づくりになります。

しっぽ付きボールを使った槍投げ

　ボールに紐やテープなどを巻きつけてしっぽをつけます。しっぽがキレイになびくように投げる方法を考えて体の動かし方を工夫します。

壁を設置し、壁の向こうに投げることで軌道をイメージしやすくなります。

ビーンバッグを使った円盤投げ

ビーンバッグを2つ重ねて、2つが分かれないように投げる方法を考えて体の動かし方を工夫します。

> 2つが分かれないような軌道をイメージして、持ち方を変えたり、力の入れ具合をコントロールしましょう。

手首の使い方を知る

　紙鉄砲やバドミントンの羽を使って、物を投げるときの手首の使い方を考えます。紙鉄砲は手首を素早く動かすことで音を鳴らすことができます。また、バドミントンの羽は軽いので、しっかり手首のスナップを利かせることで遠くまで投げることができます。

> ボール運動系のネット型（本章第7節❷参照）で紹介したねらった場所にボールを落とす活動もあわせて取り組みましょう。

コラム

指先の運動の土台となる手首の力

　ラケットやバットといった道具を握って操作するスポーツでは、手首に力を入れて道具が動かないように固定したり、手首を曲げたり（掌屈）、そらしたり（背屈）して道具を動かしたりします。このように手首を固定する力や、曲げたり（掌屈）、そらしたり（背屈）する力は、鉛筆やお箸などの道具を指先でつまんで操作する運動の土台となります。例えば、鉛筆を親指、人差し指、中指の3本の指で握る三指握りでは、手首をそらせて（背屈）固定すると文字が書きやすくなります。また指先にしっかり力を入れて動かすためには、姿勢が安定し、肩や肘の周りの力がつき、手首にもしっかり力が入れられるようになる、というステップがあります。ボール運動など姿勢を安定させながら腕を大きく動かしたり、用具によって腕や手首の動かし方を変えたり、力の入れ具合をコントロールする経験を重ねることで、指先の運動の土台がつくられていきます。

三指握り

第5節　水泳運動系

❶ 水の中を移動する運動

配慮の視点

水の中を移動する運動では、浮力や水の流れにあわせて体を動かす心地良さを感じることができます。水の抵抗感や水圧、温度の違いなどにより体の形や体の動きを感じやすくなります。水の中という日常とは異なる環境を楽しめる活動を準備しましょう。

ねらい

浮力や水の流れにあわせて姿勢を保つことができると安心して移動できます。姿勢を保つことが難しいときに、どのような道具を使うと安心できるか、どのような環境だと楽しく活動できるかを考え、工夫する力を育てます。

ベーシック　安心して水の中で過ごす

■ 基本のルール

　プールの中で足を床につけることができる場所やつかまる場所を用意し、自分のペースで移動したり休んだりできるコースをつくります。水の中にいることの不安や怖さを軽減できるように、水の中で過ごすこと、移動することに目的を持たせて、活動へ気持ちを向けるように促します。

■ 工夫する点

・コース…プールフロアを活用し、平らな場所、坂道、段差、隙間のある場所、フラフープやジョイポールを固定してつかまる場所などを用意する。

・移動方法…顔を出したまま、水中に潜って、ペアやグループで手をつなぎながら、コースロープにつかまりながらなど、自分で移動方法を選択できるようにする。

・過ごし方…水の中で過ごすことに不安がある場合は、プールサイドに座り、足をつけたり手で水に触れたりして過ごすことができるようにする。

> 安心して移動したり休憩できる場所を見つけて水の中で過ごしやすくします。1人で水の中で過ごすことに不安があるときは、プールサイドに座ってジョイポールを持ったり、水の中でフラフープにつかまって立ち、移動する人を楽しませる工夫を考えたりしましょう。

アドバンス 安心して水の中を移動する

■ ルールの工夫

　ベーシックで用意した足を床につけることができる場所、つかまることができる場所を頼りに移動します。例えば、水の中で立っていることが得意な人がプールの中に立ち、その人につかまりながら移動します。スタートとゴールを決めて、ゴールまでにどこにつかまるか、その回数や足を床につける回数を決めてからスタートします。

> 立っている人がフラフープを持つことで、1つずつつかまって移動したり、1つ飛ばしてつかまって移動したり、赤色は潜って青色は上を飛び越えて移動したりと、いろいろな移動方法が考えられます。移動したい方向に移動できるようにフラフープの持ち方を伝えたり、移動する人が楽しめるように工夫してみましょう。

■ 工夫する点（ベーシックプラスα）

・ペース…競争することで焦ってしまうとバランスを崩して怖い思いをしてしまうこともあるので、自分のペースで移動するようにする。

運動の効果・効用

　水の中では浮力により体を動かしやすく、水の抵抗から運動負荷も高いため、筋力や体力を高めることができます。水の中で過ごす時間を十分にとることができるように、安心できる環境や楽しめる環境づくりを工夫しましょう。姿勢が不安定になる水の中でバランスをとる力を高めたり、水に向かって手のひらや体の向きを変えることで水の抵抗が変化することを感じて体の形（身体像）を記憶し、体の動かし方（身体図式）を考える経験を重ねましょう。

評価の視点

【知識及び技能】

・水の中での移動方法を知り、用具を使って水の中で姿勢を安定させたり、移動距離を伸ばしたり、移動方法を変えたりしながら、運動のおもしろさを味わっている。

【思考力、判断力、表現力等】

・友だちの感想や気づきを聞いたり、友だちの動きをみたりして、試してみたい運動や友だちと一緒に行うと楽しい運動を選んでいる。

・自己の課題を見つけ、その解決のための活動（用具の組みあわせや移動方法、安心して取り組める環境づくりなど）を工夫するとともに、考えたことを友だちと伝えあっている。

【学びに向かう力、人間性等】

・運動に進んで取り組み、用具の組みあわせや使い方を考えたり、移動方法を工夫したりしている。

・順番や決まりを守り、誰とでも仲良く運動をしている。

・安全に活動できるように周囲の環境を整え、用具を安全に扱うように気をつけている。

道具・ルールの工夫編

★安心して水の世界を楽しめるように

　水が顔にかかったり、水に顔をつけるときには、タイミングよく目をつぶったり、息を止めたりすることが難しいと、痛みや苦しさを感じてしまうことがあります。道具や環境を工夫して、不安なくプールに入ることができるようにしましょう。また、目をつぶると自分の体の形がイメージできず、どこに、どうやって力を入れたり動いたりすればよいかわからなくなってしまうことがあります。いつでもつかまることができる場所を用意して、安心できる工夫が大切です。

　呼吸が苦しくなると水の中での活動を楽しめない大きな要因となるので、水に入るときに口で息を吸ってから呼吸を止めたり、鼻から息を吐いたりといった呼吸のコントロールができるように、日常生活の中でも呼吸を使った活動を取り入れましょう。

鼻栓、ゴーグル、浮き具を使う

　いろいろな素材でつくられた鼻栓やゴーグルが販売されているので、使用できるようにしましょう。浮き具もいろいろな形のものがあります。ジョイポールやビート板、浮島などにつかまったり、パドルジャンパーをつけたりして、まずは顔に水がかからない環境で楽しみましょう。

> 水の中で快適に過ごせるいろいろな道具が販売されています。小さい頃から道具を使い水の世界を楽しめる経験を重ねると、泳ぐことが苦手でも生涯水泳に親しむ土台づくりができます。

安心できる環境

　ミニプールの中で、水しぶきがかからないように少人数で楽しんだり、プールの中をコースロープで区切り、水がかからないように環境を工夫します。プールフロアや簡易転落防止ガードを使うと簡単にプールの中を区切ることが出来ます。プールサイドで走らないように気をつけながら水運びリレーで楽しむなど、水を使って楽しむ経験を重ねましょう。

> 予期せず水しぶきがかかったり、波で姿勢が崩れることで不安や怖さを感じることがあります。安心して過ごせる場所で楽しんだり、エスケープゾーンとしてコースロープなどを活用します。

水を使った活動

　グループで水を使って楽しむ活動を考えてみましょう。例えば、バケツに水を入れて頭の上から後ろに向けてリレーをします。水がこぼれて顔や体が濡れることもありますが、ゲームを楽しむことで抵抗感を下げることができるかもしれません。ゴールしたとき水がたくさん残っているチームが成功です。また、透明なバケツやミニプールの中にかごを沈めてボールを投げ入れます。玉入れゲームをしながらボールが沈んでいく様子をみて、水の中の世界を楽しみましょう。ミニプールなどを活用して、水の上にシャボン玉を浮かべてうちわであおいだり、水に浮かべたマスコットをすくったり、楽しみ方を考えましょう。

水を使った楽しみ方はたくさんあります。水が顔にかからないように工夫したり、水がかかっても楽しむことができるような活動を見つけましょう。プールサイドで水を扱うと滑りやすくなることがあるので、転倒には十分に気をつけましょう。バランスをとることが苦手で転びやすいといった場合は、マリンシューズなども活用しましょう。

水の中を覗く

水の事故の際にも、バケツをかぶることで浮くことができ、呼吸もしやすくなります。いざというときに身を守る方法を学ぶ機会にもなります。

　透明なバケツや透明な衣装ケースをかぶり、顔に水がかからない環境をつくり水の中で過ごします。また水の中に入らなくても、プールサイドから透明なバケツや透明なペットボトルを通して水の中を覗くこともできます。まずは水の世界の楽しみ方を見つけてみましょう。

② 潜る・浮く運動

配慮の視点

潜ったり、浮いたりする運動には、体の力を入れたり抜いたりする力のコントロールや、呼吸のコントロールが必要です。自分のペースで力の入り具合や呼吸のリズムを意識できるような環境を工夫しましょう。

ねらい

自分の体のどこに力が入っているかを感じ、全身の力を抜く経験を積むことで、思いどおりに体を動かすことができるようになります。また、呼吸のコントロールは食事や楽器の演奏といった活動でも大切なので、呼吸を意識して行う活動を取り入れます。

ベーシック　呼吸のコントロール

■ 基本のルール

　息を止めたり、息を吐いたりする活動で呼吸をコントロールする経験を重ねます。水面に浮かべたボールや風船を息で吹いて進ませるゲームでは、水の中を移動しながら競争したり、浮かべるものを変えることで楽しさが広がります。

■ 工夫する点

・コース…プールフロアを活用し、平らな場所、坂道、段差、隙間のある場所、フラフープやジョイポールを固定してつかまる場所などを用意する。

・移動方法…顔を出したまま、水中に潜って、ペアやグループで手をつなぎ、コースロープにつかまりながらなど、自分で移動方法を選択できるようにする。

ビーチボール、浮き輪、ペットボトル、ピンポン玉、ヨットのおもちゃなど、浮きやすいものや吹いて進むもののアイディアを出しあいます。呼吸のコントロールが難しいときは、手で押し進めたり、あおぎながら進めたりしましょう。

アドバンス 呼吸をコントロールしながら水の中に入る

■ ルールの工夫

　水の中は、光が反射してきらきら光る綺麗な光景や水の音だけの静かな世界を楽しむことができます。思わず水の中を覗いたり、水の中に沈みたくなる気持ちを引き出すことができるように、水の中で楽しめる活動を考えてみましょう。

■ 工夫する点（ベーシックプラスα）

・道具の使用…鼻栓やゴーグル、透明なバケツや透明な衣装ケースを使って不安なく過ごせるようにする。

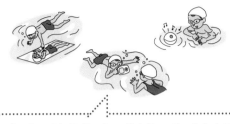

プールの底にミラーシールを貼って、水の中で鏡に映る姿を楽しんだり、水中カメラで撮影したり、水中スピーカーの光や音を楽しみます。身の回りの道具を組みあわせて、水の中の世界を楽しむ方法を考えられるようにしましょう。

運動の効果・効用

　水の中での呼吸は、呼吸を止めたり、鼻から吐いたり、一気に吐き出したり、いろいろなコントロールの仕方を身につけることができます。生活動作の中では、うがいをするときには呼吸を止めて一気に吐き出す方法、鼻をかむときには口から吸って鼻から吐く方法が役立ちます。生活動作の中でも呼吸のコントロールを練習することはでき、その効果は水泳にも影響します。口と鼻の呼吸をコントロールすることは、発音の発達にも影響します。

評価の視点

【知識及び技能】

・水に潜ったり浮いたりする方法を知り、顔を水につけたり、道具を使って水の中で過ごしたり、呼吸をコントロールして潜ったり、用具を使って浮いたりしながら、運動のおもしろさを味わっている。

【思考力、判断力、表現力等】

・友だちの感想や気づきを聞いたり、友だちの動きをみたりして、試してみたい運動や友だちと一緒に行うと楽しい運動を選んでいる。

・自己の課題を見つけ、その解決のための活動（道具の使い方や用具の組みあわせ、安心して取り組める環境づくりなど）を工夫するとともに、考えたことを友だちと伝えあっている。

【学びに向かう力、人間性等】

・運動に進んで取り組み、道具の使い方や用具の組みあわせを考えたりしている。

・順番や決まりを守り、誰とでも仲良く運動をしている。

・安全に活動できるように周囲の環境を整え、用具を安全に扱うように気をつけている。

★体をまっすぐ伸ばすことができない、脱力が難しい場合

　浮くためには、不安定な水の中で姿勢を安定させるために体幹に適度に力を入れながら手足の力は抜くといった、力のコントロールや全身の力の入れ具合を調整することが求められます。筋肉に力が入っている感覚や力が抜けている感覚（固有覚）を意識できるように、まずは全身に力を入れる経験をしてみましょう。

　重たい物を持ったり中腰の姿勢を維持したりすることで筋肉に力が入っていること、重たい物を置いたり姿勢を戻してリラックスしたときに力が抜けていることを意識することで、筋肉に力が入っていない状態をつくることができます。発達障害やダウン症などのお子さんは筋肉が柔らかく（低緊張）、筋肉の力の入れ具合を感じにくいことがあります。いくら言葉で「力を抜いて！　リラックスして！」と伝えても、その状態がわからないこともあるので、意識して経験することが大切です。

誰でも楽しめる工夫 ||||||||||||||||||||||||||||||||||||||||||||||||||||||||||

・水への意識…水の中で姿勢が不安定になることや、顔に水がかかることなど、水へ意識が向いていると不安や怖さをより感じてしまうことがある。姿勢を安定させられるように足を床につけることができる場所やつかまる場所を用意したり、鼻栓やゴーグルなどの道具を使うことで気持ちを和らげ、水の中で行う活動を楽しんだり、「やってみよう」という気持ちを引き出して、水へ意識を向ける時間を減らすことができるようにする。

・水の中での過ごし方…泳げるようになることを目的とせず、浮き具を使ったり、水の中でいろいろな活動にチャレンジしてみることで、水の中で心地良く、楽しく過ごせる方法を見つけられるようにする。

ステップ**1**：浮いてみよう

　浮き具を使って浮くことを楽しんでみましょう。ライフジャケットやパドルジャンパーを身につけて1人で浮く経験や水に浮くマットや浮島の上に仰向けやうつ伏せの姿勢でリラックスする経験を重ねましょう。

スポーツクラブや水泳教室では浮島の上でヨガをするレッスンや、川や海では SUP（Stand Up Paddle Board）と呼ばれる水に浮いたボードの上に乗って自然を楽しむアクティビティがあります。泳ぐことが苦手でも水に浮いて楽しむ経験により、生涯水泳に親しむ土台づくりができます。

ステップ**2**：水の中で足を浮かせてみよう

　水の中に立った姿勢から、足を床から離した姿勢になるような活動を考えてみましょう。水の中でジャンプして頭上のボールにタッチするゲームや、潜って泳いでいる人をサメに見立てて、サメにつかまらないようにジャンプしたり、コースロープにつかまって足を浮かせて逃げたりします。

> ボールの高さを変えたり、サメの人数を増やしたりすることで難易度を調整し、スリルを味わうことができます。

ステップ**3**：浮きながら移動しよう

　水中で足を床から離した姿勢でつかまりながら移動してみましょう。浮き具を使いロープにつかまって引っ張られながら、体をまっすぐに伸ばしたときと足を曲げたときの水の抵抗の違いを感じ、脱力の仕方や体の動かし方を考えられるようにします。

> 魚役と釣り人役に分かれて釣った魚の数を数えたりするルールを設定することで、楽しさが広がります。

- コラム -

バランスをとって姿勢を保つ力を育てる

　水の中は浮力や波によって体が揺れたり押されたりするので、前庭覚を頼りにバランスをとって姿勢を保たなければいけません。また水の中に体が入っているので、目でみて体の動きを確認することができず、体がまっすぐになっているか、手足をどうやって動かすと姿勢を保つことができるかを感覚でつかんでいく必要があります。前庭覚を感じながら体を動かす経験を重ねられるように、滑り台などの遊具を使った運動や多様な動きをつくる運動（本章第1節❷参照）、マットを使った運動（本章第2節❷参照）に取り組みましょう。

　また、触覚や固有覚を感じやすい環境で運動し、体の形（身体像）を記憶して体の動かし方（身体図式）を考えられるようにすることが大切です。体の動きを高める運動（本章第1節❸参照）や固定施設を使った運動（本章第2節❶参照）に取り組みましょう。

③ 浮いて進む運動

配慮の視点

浮いて進む運動では、力を抜いて浮いた状態で姿勢を保ちながら手足を動かすという全身の協調的な動きが求められます。手足を動かすときに力が入りすぎて沈んだり進みにくくなることがあるので、用具を工夫して「水を切って進む」ことの心地良さを感じられるようにしましょう。

ねらい

用具を工夫して浮力や水の流れにあわせて姿勢を保つことや、手足を軽く動かすだけで進むことができるようにします。安心して楽しめる水の量や水の流れといった環境、操作しやすい用具について考える力を育てます。

ベーシック **ボートで進む**

■ 基本のルール

浮島やビニールボートを使い1人または複数人で乗って、乗る位置によって揺れ方や姿勢を保つのに必要な体の動かし方の違いを感じたり、どのような姿勢で乗ると安定するかを考えます。また漕いで進むためには手や足、道具のいずれかを使うのか、その漕ぎ方の違い、さらにまっすぐ進むのか、回転するのかといった進む方向について考えます。

■ 工夫する点

・人数…1人で乗ると自分のペースで活動でき、複数人で乗るとお互いの動きで浮島が揺れるためバランスをとる力を高められるので、バランスをとる能力にあわせて人数を工夫する。

・移動方法…浮島やビニールボートの上に乗って移動するのか、水の中に入り手でつかまりながら移動するのかなど、移動方法を自分で選択できるようにする。

・ペース…競争することで焦ってしまうとバランスを崩して怖い思いをすることもあるため、自分のペースで移動するようにする。

> ゴールを目指して進んだり、宝物に見立てたボールを取りに行くなど、設定を工夫することで楽しさが広がります。

アドバンス　水を切って進む

■ ルールの工夫

　ベーシックの活動に加えて、手足を軽く動かすだけで進める道具を試します。手につけるパドルは手づくりも可能なので、子どもが自分でつくって試してもいいでしょう。フィンも、足全体を覆うものや足先だけを覆うものなど扱いやすくなってきているので、試してみましょう。

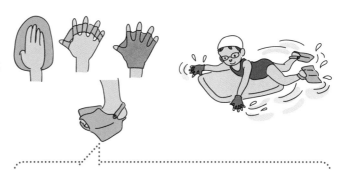

■ 工夫する点（ベーシックプラスα）

・道具の使用…手にパドルをつけて

> スポーツクラブや水泳教室ではアクアビクスで負荷を高めるためにパドルを使ったり、川や海ではシュノーケリングやダイビングといったアクティビティでフィンを使ったりします。道具を使い、小さい頃から楽しむ経験を重ねることで、泳ぐことが苦手でも生涯水泳に親しむ土台づくりができます。

漕いだり、足にフィンをつけてキックして押し進めたり、オールを使ったりするだけでなく、身の回りの道具で漕ぐ方法を考えて、自分で選択できるようにする。扱いにくい浮き具はかえって水の中での自由な動きを制限する場合があるため、手足の大きさによって道具を変えたり、浮き具の空気を抜いたりして工夫する。

運動の効果・効用

　浮いて進む運動では、体幹に適度に力を入れて浮くだけでなく、手足に力を入れて動かすことが求められます。水の中では、手足の動きを目でみて確認することが難しくなりますが、膝を伸ばして水を蹴ったり、水を手でつかまえて押して推力を得ることで、体の形（身体像）が記憶され、体の動かし方（身体図式）を考える力が育ちます。

　水の中を移動する運動（本章本節❶参照）で経験した、水に向かって手のひらや体の向きを変えることで水の抵抗感が変化することの学びを活かし、どのように体を動かすとまっすぐ進むか、回転するか、速く進むか、ゆっくり進むか、いろいろな進み方を考えましょう。

評価の視点

【知識及び技能】

・浮いて進む方法を知り、道具を使って水の中で過ごしたり、用具を使って浮きながら進んだり、体に力を入れたり抜いたりしながら、運動のおもしろさを味わっている。

【思考力、判断力、表現力等】

・友だちの感想や気づきを聞いたり、友だちの動きをみたりして、試してみたい運動や友だちと一緒に行うと楽しい運動を選んでいる。

・自己の課題を見つけ、その解決のための活動（道具の使い方や用具の組みあわせ、安心して取り組める環境づくりなど）を工夫するとともに、考えたことを友だちと伝えあっている。

【学びに向かう力、人間性等】

・運動に進んで取り組み、道具の使い方や用具の組みあわせを考えたりしている。

・順番や決まりを守り、誰とでも仲良く運動をしている。

・安全に活動できるように周囲の環境を整え、用具を安全に扱うように気をつけている。

道具・ルールの工夫編

★生涯スポーツとして取り入れやすい水泳

　水中での運動は、浮力によって関節や筋肉の負荷が軽くなるため、腰や膝に痛みを抱えることの多い中高齢者に推奨されています。不安定な水の中で歩いたり、アクアビクスをしたり、泳いだりすることで、姿勢を保つ力を維持・増進させることができ、日常生活で歩行が安定したり転倒を予防する効果があります。市町村で運営されているプールやスポーツクラブなどで水中でのアクティビティに参加したり、自由に水泳を楽しむことができる環境も整っています。

　水の中で体を動かすことの楽しさや心地良さを子どもの頃から感じられるように工夫し、生涯スポーツとして水中でのアクティビティへ参加できるような土台をつくりましょう。

レスキュー隊になろう

　姿勢が不安定になる水中で1人で運動することに怖さを感じる場合は、ペアやグループでの活動を取り入れます。1人は足を床から離して浮いた姿勢になり、他の人は左右から支えて進みます。途中に障害物を置いたり、水の中を移動する運動で紹介したコースを進みましょう。

　レスキュー隊役は、運ばれる人の様子をみながら、移動する速さや水しぶきがかからない移動の仕方を工夫します。

コースロープのジャングルを進もう

　水中で運動するだけでなく、浮島などを活用して水を使ったアクティビティを経験します。コースロープやプールの上にロープを渡し、浮島の上を歩いたり、水の中に浮かんでロープを手繰りながら進みます。

　両手でロープを手繰ったり、片手に荷物に見立てたバケツを持って運んだり、リレーをしたり、設定を工夫することで楽しさが広がります。

鬼ごっこ

　泳ぐことができなくても楽しむことができるアクティビティを考えてみましょう。水の中を移動する運動（本章本節❶参照）で紹介したコースを使って鬼ごっこをしてみます。つかまったら、その場に立って止まったり、足を床から離して（コースロープなどにつかまって浮いて）止まっているというルールにします。友だちが足の間をくぐったり、両手を輪にして足元までくぐらせたら、再び動くことができるといったルールにすることで、足を浮かせる経験や潜る経験を重ねられるようにします。

浮くことや潜ることができなくても楽しめるルールづくりをしましょう。

アクアビクス

　浮いたり潜ったりせずに楽しめるアクティビティで姿勢を保つ力を高めましょう。水の中や浮島の上で音楽にあわせて体を動かします。途中でジャンプしたり回転したり潜ったり、いろいろな動きを経験できるようにしましょう。

手にパドルを着けたり、ペットボトルやビート板を持ったりすることで、浮きやすくなったり水の抵抗感が変わります。

第6節 ボールゲーム・鬼遊び

① ボールゲーム

配慮の視点

ボールを使った運動の土台づくりに、ボールを握る、離す、飛ばすといった手足の運動やタイミングをつかむ経験が重ねられるように、道具や環境を工夫します。また、自分の立ち位置やどこに向かってボールを移動させるかといった空間の理解を促すようにします。

ねらい

操作しやすいボールで、思いどおりにボールを扱うことができる楽しさを味わえるようにします。ボールを移動させる方向を考えるために、ゆとりある活動を設定します。

ベーシック 思いどおりにボールを扱う

■ 基本のルール

　ボールを使った運動ではキャッチボールをする前に、ボールを手渡す、ボールを転がす、ボールを投げるといった複数の段階を経験することが大切です（第1章第2節参照）。まずは、ボールの大きさ、重さ、硬さ、素材などの特徴から、扱いやすいボールを見つけ、スモールステップで取り組むことができるように、環境やルールを工夫します。

■ 工夫する点

・ボールの種類…ボールの大きさ、重さ、硬さ、素材などの特徴が異なるものを用意し、物を持ったり運んだりする能力にあわせて扱いやすいものを自分で選択できるようにする。

・ボールの扱い方…投げるだけでなく、置く、渡す、転がす、置いてあるボールを取る、受け取る、動いているボールを止める、蹴る、打つなど、ボールの扱い方を自分で選択できるようにする。

ボウリングではボールの大きさや重さ、硬さ、素材を工夫し、転がしたり、押し倒したり、投げたり、蹴るといった方法でピンを倒します。玉入れではかごを設置する高さを変えて、どのようにボールを扱うとかごに入れることができるか考えます。

アドバンス ボールを移動させる方向を考える

■ ルールの工夫

ねらった場所にボールを移動させる方法を考えられる活動に取り組みます。床に描いた目印に向かってボールを置いたり、転がしたり、投げたり、蹴ったりしてボールを移動させます。

■ 工夫する点（ベーシックプラスα）

・周囲の環境…ボールの移動方向を目印や音で確認できるようにする。周囲の人とぶつからないようにスペースを確保し、周りの人が様子をみて声をかけるようにする。用具で壁や道をつくり、ボールをねらった方向に移動させやすいようにする。

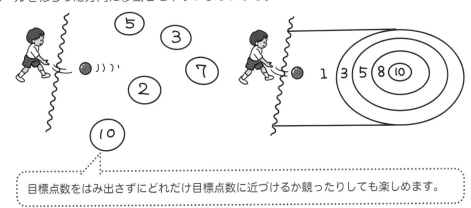

目標点数をはみ出さずにどれだけ目標点数に近づけるか競ったりしても楽しめます。

運動の効果・効用

ボールを扱う経験は、ボールを手渡す、転がす、投げると動きが複雑化していく中で、近い、遠いといった距離の概念を学習することができます。また、転がす速度や投げる速度の違いを感じ、遅い、速いといった速さや時間の概念を学習することもできます。ボールを手渡すときの体の使い方の違いから、体の中心や左右の概念や空間の前後左右のどこに転がすと相手が取りやすいかといった空間における位置の概念を学習することができます。

評価の視点

【知識及び技能】

・各種ボールゲームの行い方を知り、ゴール型、ネット型、ベースボール型のボール運動の土台となるボールの扱い方をスモールステップで経験しながら、運動のおもしろさを味わっている。

【思考力、判断力、表現力等】

・ルールや場を工夫したり、ゲームのルールに応じて楽しむことができるように使う道具を選んだり、作戦を考えたりするとともに、考えたことを友だちと伝えあっている。

【学びに向かう力、人間性等】

・運動に進んで取り組み、ボールの特徴を捉えようとしたり、用具の組みあわせを考えたり、ルールを工夫したりしている。

・順番や決まりを守り、誰とでも仲良く運動をしている。

・勝敗を受け入れたり、友だちの考えを認めている。

・安全に活動できるように周囲の環境を整え、用具を安全に扱うように気をつけている。

道具・ルールの工夫編

★戦略を立てると楽しめるボールゲーム

　戦略の立て方でイメージするのは「どうやれば勝てるか」という勝敗に関わるアイディアを出しあう様子ですが、チームメイトが扱いやすいボールの種類、一番楽しめるボールの扱い方（置くのか、転がすのか、投げるのか）、姿勢を保つ力や道具を操作する力といった基本的な体を動かす能力を踏まえて、「どうすればチームメイト全員が楽しく参加することができるか」という作戦を考えることが、ボールゲームの学びでは最も大切なことです。使う道具、周囲の環境、ルールなどを子どもたちが考えて、時には「おもしろくなかったね」「難しかったね」と失敗しながら、「みんな楽しかったね！」「またやりたいね！」と思えるゲームをつくり出しましょう。

ボッチャ

　ボッチャは、身体に障害のある方のために考案されたスポーツで、パラリンピックの正式種目にもなっています。ボールの操作方法は自由で、投げたり、転がしたり、蹴ったり、ランプと呼ばれる滑り台を使ったり、自分で選択することができます。ボッチャのルールを参考にしながら、どのような道具を使い、どのようなルールにするとゲームをおもしろくできるか、アイディアを出しあいましょう。

　各地で大会なども開催されています。子どもの頃に経験したり、観戦することで、ユニバーサルな生涯スポーツとして親しむ土台をつくることができます。

フロアカーリング

　フロアカーリングは、フロッカーとも呼ばれ、日本で考案されたスポーツです。ターゲットと呼ばれるカーリングのストーンにあたるピンを転がし、フロッカーと呼ばれるピンをどれだけ近づけることができるかで得点を競います。フロッカーを転がす強さで速さが変わり、フロッカー同士をぶつけてはじいたり、フロッカーの扱い方を工夫することでゲームを楽しむことができます。フロアカーリングのルールを参考にしながら、フロアを広くしたり狭くしたり、左右に壁をつくってフロッカーがフロアの中を転がるようにしたり、環境やルールを工夫してみましょう。

　フロッカーを移動させる方向を意識することで、力をコントロールする経験にもなります。各地で大会や教室も開催されています。高齢者も参加しやすいスポーツなので、子どもの頃に経験することで生涯スポーツに参加して運動を楽しむ土台づくりができます。

ボール送りゲーム

ボール送りゲームでは、チームに分かれて、自分のチームのコート内に散らばったさまざまなボールを相手のチームのゴールに入れます。ボールは転がしたり、投げたり、蹴ったり、扱いやすい方法を選択できるようにしましょう。ゴールは、サッカーゴールのようにボールを転がして入れるものや跳び箱やかごを使って投げて入れるものなど、どのような形のゴールだとゲームを楽しむことができるかアイディアを出しあいましょう。

コートの中央に平均台などを置くことで、ボールを平均台の下から転がしたり、平均台の上から投げたり、環境によってボールの扱い方を変えることでおもしろさが変わります。平均台の上を歩いてボールの移動を邪魔する役の人や、車いすでコートの中央を横切ってボールの移動を邪魔する役の人をつくるなど、いろいろな役割を設定することで楽しさが広がります。

ボール運びゲーム

ボール運びゲームでは、移動できる範囲を決めて、歩いたり走ったり車いすやキャスターボードを使い、ボールを蹴ったり押したりして移動します。ボールは足で扱ったり、車いすやキャスターボードで押しやすいように、大きさ、重さ、硬さ、素材を工夫します。自分のペースで移動したい人は赤帽子、敵からボールを取られないように逃げるゲームをしたい人は白帽子のように分かれても楽しめます。

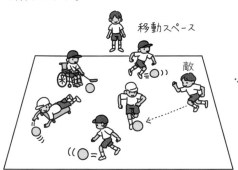

移動スペース
敵

ボールに集中していると、周囲の環境に注意を向けにくくなってぶつかったりすることがあります。移動する範囲を広くしたり、歩いたり走ったりするスペースと車いすやキャスターボードを使うスペースを分けるなど、工夫しましょう。

② 鬼遊び

配慮の視点

鬼遊びでは、チームメイトと動き方を考えたり、素早く動いて逃げ切ったりつかまえたりした達成感を気持ち良く感じられるように、足の速さだけで勝負が決まらないような環境やルールを工夫します。

ねらい

自分の立ち位置、チームメイトの動き、ぶつかったり転んだりしないように環境に気をつけるといった、いろいろな情報に注意を向けながら運動することが求められます。さらに、ルールを覚えて取り組まなければならないので、みんなが安全に楽しく参加できるように自分たちでルールを考えられるようにします。

〈自分と相手の動きを意識しながら走る運動〉

ベーシック **狭い範囲で人に注目する**

■ 基本のルール

少人数のグループで、決められた狭い範囲の中で鬼ごっこをします。大人数や広い範囲ではすぐにつかまってしまったり、鬼から遠くてなかなかつかまえに来てもらえなかったり、走っている時間が短くなってしまうことがあります。狭い範囲で逃げることで、速く走るだけでなく、走る方向を切り替えたり、素早く身をかわしたり、体の動かし方を工夫することで楽しむことができます。

■ 工夫する点

・時間…体力にあわせて1回に走る時間を調整する。

・人数…走ることが得意、苦手、身をかわすのが得意、苦手によって、すぐ鬼につかまってしまったり、なかなかつかまえられなかったりするので、みんなが楽しく参加できる人数やメンバーを工夫する。

・周囲の環境…床に描いた図形に沿って走るなど、決められた範囲をわかりやすくする。床面にマットを敷くと、視覚的にも走ったときの感覚としても範囲がわかりやすくなる。

・ルールの説明…口頭での説明や実際の動き方をみせる方法だけでなく、写真やイラストで提示したり、ICTを活用しタブレット等でルールを確認できるようにする。

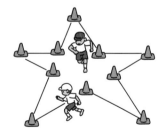

逃げる人は図形の線の上や図形の周りを走ります。鬼役の人は図形の周りだけでなく図形の中を通ることができるルールにして、つかまえに行きます。逃げる人も鬼役の人も相手の動きを意識しながら、自分の動きをイメージして素早く走る方向を切り替えたり、身をかわしたりします。

アドバンス 広い範囲で人に注目する

■ ルールの工夫

　ベーシックよりも人数を多くし、広い範囲の中で鬼ごっこをします。走る距離が長くなるので、コースをつくったり、体を休める時間をとることができるルールにして、体力や足の速さに影響されず、みんなが楽しめる環境とルールを考えましょう。

■ 工夫する点（ベーシックプラスα）

・ルールの工夫…体力にあわせて途中にエスケープゾーンやエスケープタイムを用意して、鬼ごっこへの参加の仕方を自分で選択できるようにする。

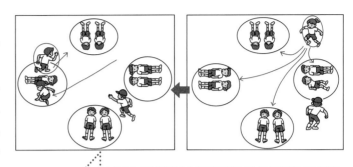

寝転び鬼ごっこでは、逃げる役の人は円の中に2人ずつ寝ています。鬼は1人で、円の中に入っていない人を追いかけます。追いかけられている人はどこかの円に逃げこみ、その円に寝ていた内の1人が円を出て、鬼に追いかけられます。人数が多くなっても、走る距離や体を休める時間をとりながら、鬼役の人だけでなく逃げる人にも注目して動き方を考えてみましょう。

運動の効果・効用 ||||||||||||||||||||||||||||||||||||||||||||||||||||||||||||||||||||||

　鬼ごっこは逃げる人と鬼役の人が駆け引きを楽しみながら走ったり身をかわしたりする中で、相手の動きを予測する力や走り続ける力、素早く体の動きを切り替える力を高めることができます。体ほぐしの運動（本章第1節❶参照）で紹介した自分や相手の動きを意識する活動に取り組むことで、相手の動きを予測する力が高まり、鬼ごっこを楽しむことができるようになります。また、鬼ごっこは空間を広く使って行うこともありますが、環境にあわせて体を動かすことが難しいと人とぶつかったり、物にぶつかったり、つまずいたりしてしまうことがあります。

　体ほぐしの運動（本章第1節❶参照）で紹介した体の形（身体像）を意識しながら行う活動にもあわせて取り組みましょう。

評価の視点 ||||||||||||||||||||||||||||||||||||||||||||||||||||||||||||||||||||||||||||||||||

【知識及び技能】

・鬼ごっこの行い方を知り、一定の区域で逃げる、追いかける、陣地を取りあうなどの運動遊びを行いながら、運動のおもしろさを味わっている。

【思考力、判断力、表現力等】

・ルールや場を工夫したり、追いかけたり逃げたりするときの移動方法や、移動する場所、一緒に運動を行う人数の工夫を考えたりするとともに、考えたことを友だちと伝えあっている。

【学びに向かう力、人間性等】

・運動に進んで取り組み、用具の組みあわせや移動方法を考えたり、ルールを工夫したりしている。

・順番や決まりを守り、誰とでも仲良く運動をしている。

・勝敗を受け入れたり、友だちの考えを認めている。

・安全に活動できるように周囲の環境を整え、用具を安全に扱うように気をつけている。

★走るのが遅い、走り続けられないので鬼ごっこを楽しめない場合

　鬼ごっこは、ルールのある遊びとして幼児期から親しまれていますが、走ることに苦手さがあって楽しめなかったり、車いすを使っているために参加できなかったりすることがあります。一緒に鬼ごっこをするメンバーにあわせ、例えば車いすで移動する人に追いかけられたときにはけんけんで逃げるなど、走る以外の逃げる方法を考え、みんなが楽しく参加できるようにアイディアを出しあいましょう。

　また、体つくり運動系（本章第1節参照）で紹介した活動を組みあわせることで、鬼ごっこをしながら体の形（身体像）を記憶したり、体の動かし方（身体図式）を考える力を高めたりと、他の運動と組みあわせることで授業の導入の活動としても取り入れやすくなります。

誰でも楽しめる工夫 ‖‖‖‖‖‖‖‖‖‖‖‖‖‖‖‖‖‖‖‖‖‖‖‖‖‖‖‖‖‖‖‖‖‖‖‖‖‖

・体の動かし方…体の形（身体像）の記憶や体の動かし方（身体図式）を考える力を育てるためには、いろいろな姿勢になったり、いろいろな体の動かし方をする中で、つまずいたり、頭をぶつけたり、狭いところに挟まったりといった運動経験も大切になる。体の動かし方を試行錯誤しながら自分の体と向きあい、お互いの動き方を尊重しあえるような雰囲気をつくっていく。

・移動方法…歩く、四つ這い、またはキャスターボードを使うなど、自分で選択できるようにする。車いすやキャスター付きのいすに乗る人と押す人、けんけんする人、目隠しをする人など、移動方法を工夫することで楽しみ方が広がる。

ステップ**1**：体の形（身体像）を記憶しながら体の動かし方（身体図式）を考えよう

　体ほぐしの運動（本章第1節❶参照）で紹介したコースで鬼ごっこをします。環境にあわせてよじ登ったり、すり抜けたり、時には用具の陰に隠れたりすることで、逃げる人と鬼役の人の駆け引きを楽しむことができます。

> 転倒や衝突しないように逃げる方向を統一したり、床面にマットを敷いたり緩衝材を設置しましょう。走って逃げるのではなく、四つ這いで逃げるルールにすることで、速度を抑えることができます。

ステップ**2**：自分や相手の動きを意識しながら運動をイメージしよう

　逃げる人は一列になり、肩に手を置いてつながったり、フラフープの中に入ってつながったりします。鬼役の人は列の一番後ろの人にタッチするために追いかけます。逃げる人は鬼の動きをみながら、列が途切れないように走る速さや方向をコントロールしましょう。

人数や逃げる範囲を工夫することで難易度が変わります。途中に三角コーンの障害物を置いたり、マットを敷いてその上を移動するときは全員で横歩きをするといった環境やルールを工夫することで、楽しさが広がります。

ステップ**3**：他の運動と組みあわせてみよう

　ペガーボールは子どもの運動量を高めるためにつくられたスポーツです。鬼役の人はマジックテープの素材でできたポンチョを羽織ります。追いかける人はマジックテープでくっつくボールを鬼めがけて投げます。ペガーボールのルールを参考にしながら、ボールの色で点数を変えたり、逃げる範囲を広くしたり狭くしたり、環境やルールを工夫してみましょう。

ステップ1と組みあわせて体つくり運動を発展させたり、ボールゲームやボール運動の導入として準備運動になったりします。

第7節 ボール運動系

❶ ゴール型

〈車いすを使ったバスケットボール〉

配慮の視点

ゴール型のゲームでは、攻守が入れ替わることでの緊張感を楽しむことができるようにプレイヤーの人数、扱うボールの種類、コートの大きさなどの環境を工夫しましょう。

ねらい

攻守の交代やパスのルール、シュートの方向など、一度に把握しなければならない情報を少なくし、ボールに触れる機会やシュートを決める機会が多くなるように、ルールや用具を工夫する方法を考えることが大切です。

ベーシック 移動を伴わない攻守のあるゲーム

■ **基本のルール**

コート内の移動を伴わない活動にすることで、プレイヤーの位置やボールを移動させる方向といった情報量を減らすことができます。ボールを手で投げたり、足で蹴ったりする場合でも、道具を用いたりして動く範囲を工夫し、ボールの操作やチームメイトへボールをつなぐための作戦を考えるといった、ゲームを楽しむための情報に意識を向けられるようにします。

■ **工夫する点**

・ボールの種類…ボールの大きさ、重さ、硬さ、素材などの特徴が異なるものを用意し、物を持ったり運んだりする能力にあわせて扱いやすいものを自分で選択できるようにする。

・ボールの扱い方…投げるだけでなく、置く、渡す、転がす、置いてあるボールを取る、受け取る、動いているボールを止める、蹴る、打つなど、ボールの扱い方を自分で選択できるようにする。

・人数…ボールを操作している時間を十分にとることができるように人数を工夫する。

・周囲の環境…用具で壁をつくったり、ボールの通り道をつくったりして、ボールをねらった方向に移動させやすいようにする。

手でボールを扱うゲームでは、円になってフラフープの中に座ったり立ったりして、移動せずにボールを手渡したり、転がしたり、投げたりしてチームメイトにパスします。円の中央にいる人は、パスが通らないようにカットしたり、ボールを止めて、ボールを取ったら勝ちとなります。手だけでなく道具を操作してボールを扱うことで、活動を広げることができます。

アドバンス 移動を伴う攻守のあるゲーム

■ ルールの工夫

　コート内を移動しながら、プレイヤーの位置やボールを移動させる方向を意識してボールをつなぐための作戦を考えます。走ることが苦手で楽しめない、車いすを使っているために参加できないといったことがないように移動方法を考え、みんなが楽しく参加できるようにアイディアを出しあいましょう。

■ 工夫する点（ベーシックプラスα）

・移動方法…走る、歩く、転がる、キャスターボードに乗るなど、自分で移動方法を選択できるようにする。

> コート内を転がって移動しながらボールをつなぎゴールを目指します。足を固定したり、転がる回数を決めたり、人数を工夫します。ボールを操作する時間は十分にとるようにしましょう。

運動の効果・効用

　ゴール型のゲームでは、ルールを理解し、素早く状況を判断し、周囲の人や環境を意識しながらボールを扱うといった、たくさんの情報に注意を向けながら複雑な運動を行う力を高めることができます。ボールを扱うことが難しかったり、ボールに怖さを感じていたり、多くの人が行き交う環境が苦手だったりすると、参加することも難しくなってしまいます。体ほぐしの運動（本章第1節❶参照）で紹介した、自分や相手の動きを意識して、環境の変化にあわせて動く経験を重ねましょう。

　情報量を減らしたり、スモールステップで取り組めるルールにする工夫も大切です。

評価の視点

【知識及び技能】

・ゴール型のゲームの行い方を知り、やさしいゲームを行いながら、運動のおもしろさを味わっている。

【思考力、判断力、表現力等】

・ルールや場を工夫したり、ゲームのルールに応じて楽しむことができるように使う道具を選んだり、環境を工夫したり、作戦を考えたりするとともに、考えたことを友だちと伝えあっている。

【学びに向かう力、人間性等】

・運動に進んで取り組み、ボールの特徴を捉えようとしたり、用具の組みあわせを考えたり、一緒に取り組む人数やコートの広さ、ルールを工夫したりしている。

・順番や決まりを守り、誰とでも仲良く運動をしている。

・勝敗を受け入れたり、友だちの考えを認めている。

・安全に活動できるように周囲の環境を整え、用具を安全に扱うように気をつけている。

·········· 道具・ルールの工夫編 ··········

★攻守の交代を理解し、ゲームを楽しめるように

　サッカー、バスケットボールなどコート内を自由に動き回るスポーツでは、ゲームの途中で何回も攻守が入れ替わります。攻守の入れ替わりに関するルールを理解し、攻守の入れ替わるタイミングを判断し、それに伴って運動方法を変えるといったことを瞬間的に行うことができないと、ゲームを難しいと感じたり、思いどおりに体を動かすことができず、楽しさを感じられなくなってしまいます。攻める時間と守る時間を明確にして、同じ運動方法を続けられる活動や、攻守の立ち位置や運動方法が異なる活動を取り入れてみましょう。攻守の時間や運動方法がわかりやすくなることで、どうしたらパスがつながるか、シュートが決めやすくなるか、ボールを操作する時間をたくさんとることができるのかなど、ゲームを楽しむための作戦を立てやすくなります。

玉入れ追いかけっこ

わたし
向こうからくるね

ぼく こっちから
追いつめるね

　かごを背負うチームと、コート内に散らばったボールをかごに入れるチームに分かれます。かごを背負うチームはボールを入れられないように逃げます。

> 楽しく参加できるように、コートの広さや動いている時間を工夫します。ボールはいろいろな種類を用意し、ボールによって点数を変えることで合計点を競うなどアイディアを出しあいましょう。

フラフープゴール

　フラフープを吊るしてゴールをたくさん用意します。攻めるチームは、床に散らばった大きさ、重さ、硬さ、素材の違うボールや、風船、ビーンバッグなどをフラフープの中に投げ入れます。守るチームは、フラフープを揺らしたり、投げられたボールをキャッチしたり打ち返したりしてゴールを守ります。

> フラフープを床に設置し、ボールを転がしてゴールできるようにしたり、フラフープやボールによって点数を変えたりすることで合計点を競うなどアイディアを出しあいましょう。

ボールつなぎ

　足でボールを扱う経験を重ねられる活動です。床に寝転がり壁に描かれた図形の上を足でボールを移動させてゴールまでつなぎます。守るチームは、決められたゾーンを通るボールを止めたり取ったりします。攻めるチームは、ボールを取られないようにしましょう。

足でボールを扱うことが難しい場合は、手で扱ったりバドミントンのラケットを使ったりと工夫しましょう。使うボールの種類を変えたり、時間を決めてゴールした個数を競ったり、みんなが楽しく参加できるアイディアを出しあいましょう。

ボール集め攻防

　攻めるチームは、床に散らばった大きさ、重さ、硬さ、素材の違うボールや、風船、ビーンバッグなどをタオルの上に乗せてゴールの箱まで運びます。守るチームは、箱をひっくり返してボールを出します。

攻めるチームは、少ない数のボールを複数回運ぶか、たくさんの数のボールを一度に運ぶかなど、効率よくゴールできる作戦を考えてみましょう。攻めるチームと守るチームの人数を工夫することで、どちらのチームも楽しめるようにしましょう。

ゾーンサッカー

　固定施設や跳び箱を使ってロープを固定し、移動できる範囲を決めます。赤チームと白チームが交互に並び、ロープにつかまりながらボールを蹴り、パスしながらゴールまで移動させます。赤チームは赤い色のゴールに入れるなど、ボールを入れるゴールが分かりやすいように工夫します。

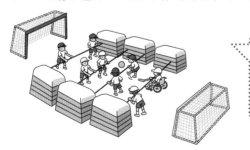

足でボールを扱うのが難しいときは、フロアホッケーのスティックなどの道具を使ったり、手で扱ったりするなど、ボールを操作している時間を十分にとり、楽しむことができるようにしましょう。

❷ ネット型

配慮の視点

ネット型のゲームでは、力をコントロールしてコート内のねらった場所にボールを落とすために、どこから、どのくらいの力で投げると、どこまで飛ぶのかという、自分の体の動きや力加減、ネットの高さ、コートの広さや距離を把握する力を育てます。

ねらい

姿勢を保つために必要な筋力をつけるだけでなく、姿勢を保ちながら手と足を違うリズムで動かしたり、人にぶつからないように道具を使ったり、周囲に注意を向ける力も高めていくことが大切です。運動の難易度や扱いやすい道具を自分で選択できるようにしましょう。

ベーシック ねらった場所にボールを落とすことを楽しむ

■ 基本のルール

ネットの向こうにボールやビーンバッグ、風船を投げ入れます。コート内にラインを引いたりフラフープを置いてねらいを定めたり、得点を決めてチームで競いあうゲームを展開することもできます。

■ 工夫する点

・ボールの種類…ボールの大きさ、重さ、硬さ、素材などの特徴が異なるものを用意し、物を持ったり運んだりする能力にあわせて扱いやすいものを自分で選択できるようにする。

・ネットの高さ…プレーをしながらネットの高さを変化させたり、低い場所や高い場所を用意して、ボールを投げる力にあわせて選択できるようにする。

・コート…広さの違いで動き方も異なるため、ボールを投げる力にあわせて広さや距離を選択できるようにする。

バドミントン、テニス、卓球用のラケットやうちわといった道具を使うことで、手の届く範囲が広がります。ボールが落ちた場所によって得点を決め、1チームごとにボールを投げ入れて合計点を競ったり、3回投げて目標点に近づけたりといった設定の工夫で、楽しさが広がります。

アドバンス 少人数でラリーを楽しむ

■ ルールの工夫

　ネットの向こうから飛んできたボールなどを投げ返したり打ち返したりします。はじめに風船を使い、床に座る、いすに座る、コートの中を動くなど、役割を変えてラリーを楽しみます。車いすを使ってコートの中を動いたり、車いすを動かす人と風船を操作する人に分かれたり、個々の力を発揮できるように工夫します。

■ 工夫する点（ベーシックプラスα）

・ボールの数…ラリーに慣れてきたら風船の数を増やしたり、風船とビーチボールを使うなど、ボールの数や種類の組みあわせを工夫する。

・コート…ラケットなどの道具を使うときは、周囲にぶつからないようにコートの広さを十分にとる。人によって動き方や移動の仕方が異なるので、接触しないように緩衝材を設置する。

　接触しないように移動方法によりゾーンを決めたり、コートを広く使うようにします。手でボールを扱うだけでなく、両手で持った大きいボールで打ちあうなど工夫しましょう。３バウンド以内に打ち返すなど、役割やルールを変えて、楽しく参加できる方法を考えます。

運動の効果・効用 |||||||||||||||||||||||||||||||||||||||||||||||||||||||||

　ネット型のゲームはコートの範囲が決まっているので、チームメイトとぶつからないように体を動かすことで、体の形（身体像）を記憶したり、ボールの種類やラケットなどの道具を使うときに物の形、大きさ、重さ、用途にあわせた体の動かし方（身体図式）を考えることで、運動をイメージする（運動企画）力を育てることができます。さらに、ボールを投げる方向や飛んできた方向を捉えることで、空間の前後左右や奥行きの概念や、得点を競ったりボールを投げる回数やボールをラリーする回数を決めたり、数えたりすることで数の概念を身につけることができます。

評価の視点 |||||||||||||||||||||||||||||||||||||||||||||||||||||||||||||||

【知識及び技能】

・ネット型のゲームの行い方を知り、やさしいゲームを行いながら、運動のおもしろさを味わっている。

【思考力、判断力、表現力等】

・ルールや場を工夫したり、ゲームのルールに応じて楽しむことができるように使う道具を選んだり、環境を工夫したり、作戦を考えたりするとともに、考えたことを友だちと伝えあっている。

【学びに向かう力、人間性等】

・運動に進んで取り組み、ボールの特徴を捉えようとしたり、用具の組みあわせを考えたり、一緒に取り組む人数やコートの広さ、ルールを工夫したりしている。

・順番や決まりを守り、誰とでも仲良く運動をしている。

・勝敗を受け入れたり、友だちの考えを認めている。

・安全に活動できるように周囲の環境を整え、用具を安全に扱うように気をつけている。

★ボールに恐怖心がある、キャッチできない場合

　ボールが飛んでくると怖くて目をつぶってしまったり、怖くて逃げてしまったりすることがあります。まずはボールへの恐怖心をなくし、ボール運動を楽しめる土台をつくっていきます。ボール運動の土台には、ボールを運んだり手渡しできる段階、ボールを転がしてやりとりできる段階、ボールを投げてやりとりできる段階があります（第1章第2節参照）。ボールを怖がっている人が楽しむことができる段階を確認して活動を準備しましょう。

　また、ボール運動ではボールを目で追い続けたり、ボールとコート、ボールとゴール、ボールと人などに素早く視線を動かす力が求められます。しっかり目を動かして見続けたり、素早く目を動かしたりすることが苦手だと、突然ボールが飛んできたと感じたり、タイミングをつかめずにぶつかってしまうことがあるので、目でみる力にあわせてボールの速度を工夫することが大切です。ゆっくり動く風船、弾まないビーンバッグやボール、そしてぶつかっても痛くない素材など、扱いやすいボールを選択できるようにしましょう。

誰でも楽しめる工夫 ‖‖‖‖‖‖‖‖‖‖‖‖‖‖‖‖‖‖‖‖‖‖‖‖‖‖‖‖‖‖‖‖‖‖‖‖‖

- ・ボールの種類…素材や大きさによってボールのつかみやすさが変わる。障害者スポーツの陸上競技で行われる「ビーンバッグ投」で使用する四角いビーンバッグはつかみやすい大きさ、適度な重さで扱いやすい道具となっている。
- ・移動方法…走る、歩く、四つ這い、キャスターボードを使うなど、自分で選択できるようにする。車いすユーザーもキャスターボードをつなぎあわせてクッションやマットを乗せてその上に寝ることができるようにすると、床に転がったボールを操作することができる。
- ・周囲の環境…ボールを転がすコースを設置し、誰でも的に当てることができるようにする。また、的の大きさや幅を変えて的に当たりやすくしたり、難易度を調整する。色も工夫し、みることに苦手さがあっても楽しめるようにする。

ステップ **1**：ボールを運ぼう

　ボールを持って運んだり手渡ししたりします。床に転がしたボールを拾って決められた場所に集める遊びや、いろいろな動きが引き出されるコースをつくってボールを運びます。慣れてきたら手で持つだけでなく、ラケットやフライパンなどの道具を使ってボールを運びます。

　チームに分かれて床に散らばったボールを集めます。手に持って運んだり、足に挟んで運んだり、道具を使って運んだりしましょう。ボールを集める場所の高さを変えたり、移動の仕方や使える道具を工夫することで、楽しさが広がります。

ステップ**2**：ボールを転がそう

　ボールを転がして移動させます。手や足、三角コーンなどの道具でラリーを続ける遊びでは、ボールを転がす力の強さでボールが返ってくる勢いが変わることを感じることができ、自分のキャッチできる、打ち返すことができる速さでボールを操作できるので、怖くありません。一般的に親しまれているボウリングやカーリングといったゲームも誰でも楽しめるように工夫してみましょう。

ボールを転がして床に描かれたゴールに入れます。ボールの素材にあわせて力をコントロールし、ゴールの中でボールが止まるように転がし方やボールの素材の組みあわせを工夫します。ゴールの大きさを変えたり、チームの人数を変えることで、ボールがゴールからはじき出されないように作戦を考えるなど、アイディアを出しあいましょう。

ボールを転がして的に当てます。的の大きさや重さにあわせてボールの大きさや転がる速さを工夫し、的を倒しましょう。ボールが的からそれないようにコースをつくったり、勢いをつけることが難しい場合はスロープを使ってボールを転がします。

手や足、ラケットや三角コーンなどの道具でボールを転がしてペアでラリーを続けたり、スカッシュのように壁にぶつけて返ってきたボールをラリーします。得点をとることを目的とせず、ラリーを続けることを楽しめる工夫をしましょう。ラリーを十分に楽しんでから、ゲーム性のある遊びに発展させていくことが大切です。

追いかける人は円になってボールを一方向に転がして回し、そのボールに追いつかれないように逃げる人は円の中を回ります。または、円になってランダムにボールを転がして、円の中の人は、ボールにぶつからないように逃げます。ボールの大きさや転がる速さによって難易度が変わり、楽しさが広がります。

❸ ベースボール型

〈ボールの動きに注意を向けながら体を動かす運動〉

配慮の視点

ベースボール型のゲームでは、ボールが飛んでいる間に何ができるか、捕まえてからどこに届けるか、瞬時に状況を判断したり、限られた時間の中で達成する緊張感を味わうことができるように、ルールや道具を工夫します。

ねらい

ボールを目でみる力やタイミングをあわせる力、道具を操作する力を一度に発揮するのが難しいときは、止まっているボールを打つなど、ルールを工夫します。ボールにたくさん触れ、ねらった方向にボールを飛ばす、ボールが目的の場所に届くまでの時間を楽しむ経験を重ねられるようにします。

ベーシック ボールが動いている間に体を動かそう

■ 基本のルール

　ボールが動いている間に、ボールの動きに注意を向けながら体を動かします。ボールがゆっくり動くようにボールの素材や大きさを工夫したり、移動を少なくしたり、扱いやすい道具を使ったり、活動に楽しく参加するために運動量や情報量をコントロールします。

■ 工夫する点

・ボールの種類…ボールの大きさ、重さ、硬さ、素材などの特徴が異なるものを用意し、物を持ったり運んだりする能力にあわせて扱いやすいものを自分で選択できるようにする。

・ボールの動き…ボールの動き方や動く速度によってボールが動いている時間が異なるので、運動に取り組みやすく、情報を把握できるようにゆっくり動くボールや大きく弾むボールなど、ボールの動きの特徴によって使い分けるようにする。

・人数…ボールを操作している時間を十分にとることができるように人数を工夫する。

1チームがボールを移動させてゴールまでたどり着く間に、もう1チームは走ってゴールを目指します。ボールより先に何人ゴールできるかなど、楽しめるルールを工夫します。ボールを移動させるチームは渡し方（手で渡す、足で渡す、道具を使う）を工夫したり、走って移動するチームは四つ這い、走る、キャスターボードを使うなど、移動方法を工夫しましょう。

アドバンス　ボールが動いている間の攻防戦

■ ルールの工夫

ボールが動いている間に、ボールの動きに注意を向けながら体を動かします。ボールが遠くまで飛ぶようにボールの素材や大きさを工夫したり、移動方法を変えたり、扱いやすい道具を使ったり、攻守どちらもボールに触れている時間を確保し、参加しやすいルールを考えます。

■ 工夫する点（ベーシックプラスα）

・移動方法…歩く、転がる、キャスターボードに乗るなど、移動方法を選択できるようにする。

・ボールが動いている間の運動…体つくり運動系（本章第1節参照）で紹介した活動のようにいろいろな動きを経験できるように工夫し、足の速さだけで勝負が決まらないようにする。

> ラバーチキンなどの扱いやすいボールを使い、攻撃チームはボールを遠くに投げて、投げた人が集合したチームメイトの周りを周回し、1周1点で数えます。守備チームはボールを捕まえて列に並び、最後尾の人までパスして、ボールが最後尾に渡った時点での攻撃チームの得点を記録します。

運動の効果・効用

ベースボール型のゲームは、道具の操作の難しさやルールの難しさから苦手意識を持つことがあるので、ボールや道具の特徴を活かしたルールやコートを工夫し、生涯ボール運動に親しむ土台づくりをしましょう。限られた時間の中で複数の情報に注意を向けて体を動かす経験は、掃除当番や給食当番で用具の準備や片づけをするときなどに役立つ力が育ちます。

多様な動きをつくる運動（本章第1節❷参照）で紹介した周囲の環境や道具に注意を向ける活動もあわせて取り組みましょう。

評価の視点

【知識及び技能】

・ベースボール型のゲームの行い方を知り、ボールを蹴ったり、打ったり、運んだりする攻撃やとったり投げたりする守備の基本的な動きを経験したり、攻守を交代するやさしいゲームを行いながら、運動のおもしろさを味わっている。

【思考力、判断力、表現力等】

・ルールや場を工夫したり、ゲームのルールに応じて楽しむことができるように使う道具を選んだり、環境を工夫したり、作戦を考えたりするとともに、考えたことを友だちと伝えあっている。

【学びに向かう力、人間性等】

・運動に進んで取り組み、ボールの特徴を捉えようとしたり、用具の組みあわせを考えたり、一緒に取り組む人数やコートの広さ、ルールを工夫したりしている。

・順番や決まりを守り、誰とでも仲良く運動をしている。

・勝敗を受け入れたり、友だちの考えを認めている。

・安全に活動できるように周囲の環境を整え、用具を安全に扱うように気をつけている。

★ボールの特性を活かす

　ボールの大きさ、重さ、素材、持ちやすさ、弾み方、動く速さといったボールの特性を活かすことで、ボール運動をより楽しめたり、参加しやすくなったりします。また、子どもたちがボールの特性を知ることで、操作しやすいボールを選んだり、ゲームの幅を広げたり、学びを深めることができます。例えば、「バスケットボールをするから専用のボールで練習しなければならない」ではなく、バスケットボールという運動をチームメイト全員で楽しむことができるボールを見つけることが大切です。

ボールの大きさ

　ボールの大きさによって、指先や手のひらで操作できるか、両腕や体を使って操作するのかといった、体の使い方が変わります。運動の発達は通常、体の中心から指先に向かって進むので、小さいボールでは手のひらや指先が上手く使えず、思ったように操作できないことがあります。子どもの運動発達にあわせてボールを複数用意し、操作しやすいボールを使うことで、運動が楽しいと思える瞬間をたくさん経験できるようにし、チームメイトとの交流やゲームを楽しむことが大切です。

大きいボールを使った運動

　キンボールは国際大会も開催されている、大きくて軽いボールを使ったチームスポーツです。励ましや助けあい、感動の共有や協調性を高めることを大切にしています。攻撃チームはコート内に置いた三角コーンの方向にボールを打ち、守備チームはボールが飛んだ方向にある三角コーンに向かって移動して

ボールが落ちる前に三角コーンにタッチするか、ボールを捕まえます。その前にボールが落ちたら攻撃チームに得点が入ります。

　ボールの飛んでくる方向を予想して三角コーンの近くに先に移動したり、はじめは必ずコートの中央に待機したり、2チームが互角に戦いゲームを楽しむことができるようにルールを工夫しましょう。

ボールの重さ

　ボールの重さによって、ボールに対する怖さが軽減したり、つかみやすくなったりします。ボールの重さによって体のどこに力を入れるのかを感じ、力を入れるタイミングや力の入れ具合を学ぶ中で、思いどおりに体を動かすことができるようになってきます。しかし、筋力が弱いとボールを思いどおりに操作できないので、ビニールボールや風船を使うという工夫が考えられます。

風船を使った運動

　風船のゆっくり落ちてくる特徴を活かした運動です。風船を投げ上げて、落ちてくる前にボールをかごに入れます。風船が落ちてきたら床につく前にまた投げ上げて、風船を落とさずにボールを何個入れられたかを数えます。床に座って、いすに座って、立って、ボールが散らばる範囲を狭くしたり広くしたり、ルールを工夫すると難易度が変わり、楽しさが広がります。

ボールの素材

　布製のボールやとげとげ（イガイガ）のついているボールは、手に触れた瞬間がわかりやすいのでタイミングよくつかむことができたり、力をいれやすくなります。しかし、触覚が過敏でボールを触ることが苦手な場合、ボールの素材によってはまったく触れることができないことがあります。表面の凸凹が少ないボールや、ボールを布で包み触れられるようにするという工夫が考えられます。複数の素材を用意することが難しい場合は、手袋をつけるとボールに触れやすくなることがあります。

ボールの弾み

　良く弾むボールは距離やタイミングをつかみ、ボールの動きを予測する力を育てます。弾みにくいボールは距離や方向に注意を向けるため、手と目を協調させる力を育てます。ボールに対して素早く反応したり、ボールの動きを予測して体を動かしたりすることが苦手だと、ボールを追いかけるだけになってしまったり、手や顔にぶつかって怖さを感じてしまうことがあります。ボールの弾み方を考慮してゲームのルールを工夫することで、みんなが楽しく参加できるようにします。

表現運動系

❶ 表現

配慮の視点
表現では、テーマから動きをイメージし、イメージどおりに体を動かして表現できた喜びや、リズム良く体を動かす爽快感を味わうことができるように、イメージするための手がかりや動きの段階づけを工夫しましょう。

ねらい
体のどの部分を、どの順番で動かすかを考え記憶しておくことができるように、体の動かす部分や動かす順番の覚え方を工夫する力を育てます。

`ベーシック` ## 動きをイメージする

■ 基本のルール

　好きな音楽や言葉、身近にある物など、記憶にある音楽や、知識を持っている事柄をテーマにします。テーマからイメージしたことを文字に書き出したり、イラストから選んだり、写真を撮影したりすることで表現する経験を重ね、徐々に体を動かして表現するように促します。動かしやすい体のパーツを見つけたり、動かしやすい速度を考えて音楽のテンポを調整したり、工夫できるように道具や環境を整えましょう。

■ 工夫する点

・体のパーツ…意識しやすい体のパーツ（腕、足、お腹など）を中心に動かし、腕の動きだけ、頭の動きだけなど、1つのパーツから始める。

・音楽のテンポ…はじめにゆっくりと動き、体の動かし方を確認できるようにする。

ICTを活用しイメージしたことを簡単に表現する経験を重ねられます。アプリを使うと音楽のテンポの調整や音程を簡単に変えることができるので、思わず体が動き出す好みの音楽を探してみましょう。

アドバンス 順序良く体を動かす

■ ルールの工夫

体の動きを高める運動（本章第1節❸参照）や跳ぶ運動（本章第3節❷参照）で紹介した運動は、イメージした動きを体で表現するための土台づくりになります。思いどおりに動かすことができる体のパーツを見つけ、体の1パーツだけ動かすのか、複数のパーツを動かすのかを考えたり、イメージしたとおりに順序良く体を動かすための手がかりを見つけられるようにしましょう。

■ 工夫する点（ベーシックプラスα）

・動きの大きさ…はじめは移動せずにその場で動き、徐々に動きを大きくして移動する。

・周囲の環境…自分の動きをみて確認すると動きやすい場合は鏡を用意する。

輪になって並び、音楽やリズムにあわせて体を動かします。輪の中心に立ったリーダー役が動いたり、イメージしたポーズの写真や、手拍子マークなどを出して、周りの人が動きを真似したりポーズをとったり手拍子をしたりします。

運動の効果・効用 ||||||||||||||||||||||||||||||||||||||||||||||||||||||||

イメージした動きを体で表現しようとしたり、姿勢を保ちながら手足を動かしたり、自分がどうやって動いているのか筋肉の動きを感じたり目でみて確認したりすることで、自分の体の形（身体像）を記憶し、体の動かし方（身体図式）を考える力を育てることができます。踊り方を考えて伝えるときは、目でみて動きを真似する力（模倣）や動きを言葉にして説明する力を育てることができます。体の動きを高める運動（本章第1節❸参照）に取り組み、運動しながら「イメージどおりに動いているか」、運動が終わった後に「イメージどおりに動くことができたか」を確認し、次第に考えなくても体が自然と動くように（運動学習）、楽しく表現する活動に取り組みましょう。

評価の視点 ||||||||||||||||||||||||||||||||||||||||||||||||||||||||

【知識及び技能】

・ダンスでの体の動かし方や空間の使い方を知り、テーマにあわせてイメージを膨らませ、動き方を考えたり、音楽にあわせて体を動かしながら自由に踊ったりする楽しさや喜びを味わっている。

【思考力、判断力、表現力等】

・友だちの感想や気づきを聞いたり、友だちの動きをみたりして、試してみたいイメージや動き、友だちと一緒に行うとおもしろい運動を選んでいる。

・自己や友だちの課題を見つけ、その解決のための活動（イメージの手がかりを考える、道具を使って体の動かし方を確認するなど）を工夫するとともに考えたことを友だちと伝えあっている。

【学びに向かう力、人間性等】

・ダンスに進んで取り組み、友だちと協力してイメージを膨らませ表現しようとしたりしている。

・お互いのイメージや表現を受け止め、友だちの考えを認めている。

・安全に活動できるように周囲の環境を整え、用具を安全に扱うように気をつけている。

道具・ルールの工夫編

★表現することに集中する

　ダンスでは連続した動きの中でさまざまな姿勢になるためバランスをとる力、体を動かしながら音楽を聞く力、周囲の動きをみてタイミングをあわせる力など、全身の協調的な運動の他にも聞く力やみる力も求められる複雑な運動です。動きがぎこちなかったり、タイミングをあわせることが難しく、周囲の人にみられることが気になってダンスを楽しむことができないことがあります。まずは自分の動きに集中して体を動かして表現することを楽しむことができるように、周囲の目が「人」ではなく「人が持っている道具」や「人が動いている環境」に向くように工夫しましょう。

ペンライトダンス

　ペンライトダンスでは、照明を暗くして、ペンライトや懐中電灯を持ち、音楽にあわせて光を動かします。踊っている様子を動画で撮影し、光の動き方を確認して表現方法を考えましょう。

> 踊っている人ではなく光に目を向けることで、表現することに集中できるようにします。照明が暗いので、ぶつかったり転倒したりしないように気をつけましょう。

なりきりお面ダンス

　なりきりお面ダンスでは、お面をつけて顔をみえなくすることで、表現することに集中できるようにします。お面の表情にあわせて動きを変えたり、お面の生き物になりきって動いたり、表現方法を考えましょう。

> ラジオ体操などすでに動き方を覚えている曲のテンポを変えて踊ってみると、お面の有無での気持ちの変化や動きの変化を楽しめます。視界が狭くなるので、ぶつかったり転倒したりしないように気をつけましょう。

ダンスアイテム

　ダンスアイテムでは、スカーフ、リボン、ポンポンなどの目が向きやすいアイテムを使ってみましょう。向かいあわずに横一列に並んで鏡をみながらアイテムを動かして表現します。

> 横一列に並ぶことでお互いの動きが目に入らず、表現することに集中できるようにします。伝言ゲームのように、端から順番に動きを伝えていったり、楽しく表現する方法を考えてみましょう。

連続写真ダンス

　連続写真ダンスでは、テーマに沿って動きをイメージし、写真で撮影します。その写真を順番に並べて動きの変化を表現したり、音楽にあわせて写真の順番どおりにポーズをとって、体で表現したりしましょう。

踊っている人ではなく、それぞれが写真に注目することで、表現することに集中できるようにします。

手足でタッチダンス

床や壁の目印に注目し、音楽にあわせて体を動かす経験を重ねます。テンポの遅い曲や、リズムが複雑な曲など、音楽によってどのように動きが変わるか考えてみましょう。

リズム打ちダンス

　リズム打ちダンスでは、タンバリンや太鼓などのタッチすると音が鳴る物を頭上にぶら下げて、音楽にあわせてジャンプしたり、背伸びをしながらタッチします。タッチするときは、片手、両手、頭など体のパーツや組みあわせを工夫しましょう。

ぶら下げた物や音楽のリズムに注目し、音楽にあわせてタイミング良くジャンプしたり、手足を動かす経験を重ねます。ぶら下げる物の大きさや高さを変えたり、音楽のテンポやリズムを工夫したりすることで、楽しさが広がります。

❷ フォークダンス

〈身体的接触をせずに相手の動きを感じる運動〉

配慮の視点
フォークダンスでは、一体感を味わうことができるように、動きを覚えやすくする工夫や、身体的な接触が苦手でもお互いの動きを感じられるように環境を整えましょう。

ねらい
同じ動きをすることで一体感を感じるだけでなく、歴史や文化、日本各地の風習、衣装や楽器の特徴など、フォークダンスの楽しみ方、親しみ方を見つけられるようにします。踊るときは、正しく上手に踊ることではなく、人数や音楽の速さ、衣装やステージなどを工夫して、楽しさを感じられるようにします。

ベーシック　フォークダンスを知る

■ 基本のルール
　フォークダンスについて調べてみましょう。歴史や文化、風習、衣装、楽器の特徴、踊っている人たちの生活、ステップにこめられた意味を理解することで、ステップを覚えやすくなったりします。また、インターネットでは、実際にフォークダンスを生活の中で踊っている人々の様子や、フォークダンスをアレンジしている様子をみることができるので、興味を持ったフォークダンスにチャレンジしてみようという気持ちを育てます。調べたフォークダンスの衣装やアイテムを使って動いてみたり、フォークダンスのステップを踏んでみましょう。

■ 工夫する点
・アイテム…フォークダンスで使うアイテムをつくり、物を持ったり運んだりする能力にあわせて持ちやすくする。
・動きの確認…動きを目でみて覚えるだけでなく、写真やイラストを使ったり、ICT を活用しタブレット等で確認できるようにする。

フォークダンスについて調べ、文化、衣装、アイテムを発表したり、動き方を確認します。

フォークダンスの手足の動きに従って床や壁に印をつけ、その上を順に移動してステップを踏みます。

アドバンス　一緒に動く経験

■ ルールの工夫

　フォークダンスでは同じ動きを踊ることで楽しさを感じることができます。音楽にあわせて移動したり、ペアを交代したり、周囲にあわせて動くことが求められるので、ペアや少人数で、自分の動きと相手の動きに意識を向ける力を育てましょう。体ほぐしの運動や多様な動きをつくる運動（本章第1節❶❷参照）で、相手の動きを意識するなど、周囲の環境に注意を向ける経験を重ねましょう。

■ 工夫する点（ベーシックプラスα）

・周囲の環境…周囲とぶつからないように広いスペースを確保する。

・音楽のテンポ…はじめはゆっくりと動き、体の動かし方を確認できるようにする。

> 手遊び歌をペアで行い、音楽にあわせて動いたり、タイミングをあわせたりする経験を重ねます。直接手で触れることが難しい場合は手袋をするなどの工夫をしましょう。

運動の効果・効用 ||||||||||||||||||||||||||||||||||||||||||||||||||||||||||||||||||

　フォークダンスでは、手をつないでお互いの動きを感じたり、動きをそろえたりする体を介したコミュニケーションの力を育てることができます。それは、日常生活の中でも荷物を一緒に運ぶときや、複数の人がいる場所でぶつからないように移動するときなど、さまざまな場面で必要となる力です。

評価の視点 ||||||||||||||||||||||||||||||||||||||||||||||||||||||||||||||||||

【知識及び技能】

・フォークダンスの特徴や体の動かし方、歴史や文化的背景を知り、音楽にあわせてイメージを膨らませ、体を動かしながらみんなで踊り、交流するおもしろさを味わっている。

【思考力、判断力、表現力等】

・友だちの感想や気づきを聞いたり、友だちの動きをみたり、友だちと役割を交代しながら取り組んでいる。

・自己や友だちの課題を見つけ、その解決のための活動（ステップの方法や体の動かし方を確認したり、表現の意味を知ったりするなど）を工夫するとともに、考えたことを友だちと伝えあっている。

【学びに向かう力、人間性等】

・ダンスに進んで取り組み、友だちと協力してダンスの特徴を知ったり、音楽にあわせて体を動かそうとしたりしている。

・お互いのイメージや表現を受け止め、友だちの考えを認めている。

・安全に活動できるように周囲の環境を整え、用具を安全に扱うように気をつけている。

道具・ルールの工夫編

★体を介したコミュニケーション方法

　フォークダンスでは手をつないだり、肩をつかんだり、身体的接触が求められますが、感覚の過敏さなどにより身体的接触が強いストレスになることがあります。特に手は、道具を操作したり危険なものを察知するために触覚を感じやすいため、フォークダンスのように主に手の接触を伴う活動への参加に影響することがあります。

　また、身体障害によりフォークダンスの動きが難しかったり、手をつなぐことが難しかったりすることもあります。身体的接触がなくても一体感や楽しさを味わえたり、体を介したコミュニケーションをとることができるように工夫をすることが大切です。

アイテムを介してつながる

手袋をしたりタオルを使って体を介したコミュニケーションをとることができるようにします。

持ちやすいものや触りやすいものなどを工夫します。手をつなぐよりも踊りやすくなる、動きの幅が広がる、アレンジができるアイテムを考えてみましょう。

人形ダンス

　人との身体的接触が難しいときは、人形やぬいぐるみを相手に見立てて踊ってみましょう。相手の動きを意識したりすることが難しいときも、自分の動きに集中できて踊りやすくなります。

一緒に踊る相手の大きさや重さにより、体の動かし方や力の入れ方が変わります。その変化を感じたり楽しんだりしましょう。

フラフープダンス

フラフープの大きさや中に入る人数、音楽やリズムにあわせるときは、テンポを変えることで難しさや楽しさが広がります。

ダンスの種類

　日本には身体接触を伴わない伝統的な踊りも多くあります。文化や伝統を学びながら一体感を感じられる日本の踊りにも取り組んでみましょう。

> よさこいや阿波踊りはお祭りや大会なども行われ、子どもの頃に楽しく参加できた経験があると、踊り子としてチームに参加したり、お祭りを楽しんだり、余暇の広がりにつながることがあります。他にも荒馬といった踊りや盆踊りなども直接身体に接触せずに参加することができます。

ペアの分け方

　フォークダンスの歴史上、男女に分かれて異なる動きをしていることがあります。文化や歴史的背景を知ることは大切ですが、実際に踊るときには性別に関係なく多様な動き方を経験できるようにしましょう。

> 性別に関しては多様性が認められているので、男女で分かれる必要があるかを考え、ペアやグループをつくりましょう。

第8節　表現運動系

141

③ リズムダンス

配慮の視点

リズムダンスでは、正しく踊ることや上手に踊ることではなく、音楽や、体を動かすことを楽しめるように、音楽や振りつけを工夫します。

ねらい

流行しているダンスを体育で取り入れようとすると、手足の動きだけでなく全身の各関節をばらばらに動かすことが求められるので、体のどこを動かして表現するかを考えられるように工夫します。

ベーシック　音楽にあわせて体を動かしてみよう

■ 基本のルール

　SNS により流行の音楽にあわせて表現することが身近になっています。一見ダンスのイメージとは異なりますが、フィンガーダンスや音楽にあわせた筋力トレーニングは、リズムにあわせて体を動かし表現する楽しさを味わうことができます。

■ 工夫する点

・体のパーツ…腕全体、手首、指先など動かしやすい体のパーツを中心に、1つのパーツから始める。

・音楽のテンポ…はじめはゆっくりと動き、体の動かし方を確認できるようにする。

・音楽の長さ…SNS ではダンスに使いやすい数秒の短い音楽が提供されていたり、音楽にあわせた筋力トレーニングも数分刻みで選ぶことができるので、体を動かしやすい長さの音楽を選択する。

動画
とるよー

動画を撮影して指の動かし方を確認しましょう。ペアやグループで取り組むと指の数が増えるので動かし方の幅が広がります。

ボディーパーカッションでは、体のパーツに触れることで体の形（身体像）を記憶したり、体のパーツの名称を覚えたりすることができます。

アドバンス 音楽にあわせて一緒に動いてみよう

■ ルールの工夫

　ベーシックの活動で紹介したフィンガーダンスやボディーパーカッションにペアやグループで取り組みます。立ち位置を決めたり、フォーメーションを変えたりすることで、一緒に踊る人を意識しながら動きます。動きや立ち位置、フォーメーションを考えやすいように、踊っている様子を鏡でみながらできる環境や、動画に撮影して振り返ることができるようにしましょう。

■ 工夫する点（ベーシックプラスα）

・アイテム…大きさ、形、素材など、物を持つ能力にあわせて選択できるようにする。

・動きの大きさ…はじめは移動せずにその場で動き、徐々に動きを大きくして移動する。座った姿勢や立った姿勢などを組みあわせて、子どもが取り組みやすい姿勢を選択できるようにする。

・周囲の環境…周囲とぶつからないように広いスペースを確保する。自分の動きをみて確認すると動きやすい場合は鏡を用意する。

> ボディーパーカッションでは、移動してフォーメーションを変えなくても、立ち位置を変えたり、立ったり座ったりといった姿勢を変えることで表現の幅が広がります。グループごとに体を叩くタイミングを変えるなど、楽しめる動き方を工夫しましょう。

143

運動の効果・効用 ||||||||||||||||||||||||||||||||||||||||||

　決められた速さやリズムにあわせて体を動かすためには、体の動かし方をイメージする（運動企画）力が求められます。体の動きを高める運動（本章第1節❸参照）で紹介した新しい運動を覚えるための活動にも取り組みましょう。

　決められた速さやリズムにあわせて体を動かす経験は、長縄跳びや綱引きでタイミングをあわせるときや手をつないで歩いたりするときに役立ちます。

評価の視点 ||||||||||||||||||||||||||||||||||||||||||

【知識及び技能】

・リズムダンスの体の動かし方を知り、音楽のリズムや特徴にあわせてイメージを膨らませ、体を動かしながら、全身で自由に踊るおもしろさを味わっている。

【思考力、判断力、表現力等】

・友だちの感想や気づきを聞いたり、友だちの動きをみたりして、試してみたいイメージや動き、友だちと一緒に行うとおもしろい運動を選んでいる。

・自己や友だちの課題を見つけ、その解決のための活動（イメージの手がかりを考える、道具を使って体の動かし方を確認するなど）を工夫するとともに、考えたことを友だちと伝えあっている。

【学びに向かう力、人間性等】

・ダンスに進んで取り組み、友だちと協力してイメージを膨らませ表現しようとしたりしている。

・お互いのイメージや表現を受け止め、友だちの考えを認めている。

・安全に活動できるように周囲の環境を整え、用具を安全に扱うように気をつけている。

道具・ルールの工夫編

★ダンスのステップや動きを覚えるために

　考えなくても体が自然と動くようになる（運動学習）ためには、自分の体の形（身体像）を記憶し、体の動かし方（身体図式）を考える力を発揮できるようにすることが大切です。体ほぐしの運動や体の動きを高める運動（本章第1節❶❸参照）で紹介した活動に取り組み、それぞれの力を育てていきましょう。

　ダンスのステップや動きを覚えやすい方法は、一人ひとり異なります。多くの場合、目でみて動きを真似する（摸倣）ことで踊り方を覚えようとしますが、みることよりも聞くことのほうが得意な場合は動きを言葉に置き換えたり、オノマトペを使ってイメージをつかんだりすると覚えやすいかもしれません。また、目をつぶって体を動かしてもらい、筋肉の動いた感覚（固有覚）で動きを覚える方法もあります。触覚、固有覚を感じられる環境にしたり、多感覚を活用しながら取り組むことが大切です。

視覚的な動きの手がかり（手の動き）

モップダンスでは、床に描かれた線をモップでなぞったり、床に描かれた印をモップで叩いたりして表現します。

> 視覚的な手がかりがあるので、動きを覚えていなくても音楽や周囲の動きにあわせて表現することができ、一緒に踊ることを楽しみながら繰り返し動きを経験することで、次第に考えなくても体が自然と動くようになります（運動学習）。

テーブルダンス

　テーブルダンスでは、テーブルに置いたアイテムを使い、リズムにあわせて打ち鳴らしたり移動させたりします。

> 座って行うので姿勢を保つことが苦手でも動きに集中できたり、アイテムを叩く順番や移動させる方向をテーブルの上に描いておくことで、覚えることが苦手でも楽しく取り組むことができます。

視覚的な動きの手がかり（足の動き）

ラダーや三角コーンを使って、足の上げ下げや移動方向を空間的に認識できるようにします。

> 視覚的な手がかりがあるので、足を上げ下げするタイミングをつかむことができます。視覚的な手がかりに誘導されて歩幅や足の上げ下げの高さを繰り返し経験することで、次第に考えなくても体が自然と動くようになります（運動学習）。

動きに集中できる環境

チェアダンスでは、いすに座ることで姿勢が安定し、姿勢を保つことではなく、全身の動かし方に集中できます。

> ペアやグループで踊る際にも、座って踊る人と立って踊る人の組みあわせやフォーメーションを工夫して、空間をつくったり表現したりしてみましょう。

動きを確認しやすい環境

動画サイトで紹介されている音楽にあわせた筋力トレーニングでは、大きなわかりやすい動きなので真似しやすく、筋肉にも強い刺激が入るので体の形（身体像）を記憶したり体の動かし方（身体図式）が考えやすくなります。

> 自分のペースで動画を止めたり、繰り返し確認できるので、ダンスの導入としてもおすすめです。

第9節 各領域を統合した運動

① ファンタジープログラム

配慮の視点

物語を聞いたり、文字を読んだりして具体的なイメージを膨らませるとともに、友だちとの共同作業を通してイメージを共有してみましょう。運動が苦手でも、物語にあわせて楽しく活動することで、自然とさまざまな動きを身につけたり、友だちとコミュニケーションがとれるようにします。

ねらい

子どもの興味をひく「おとぎ話」は、いわゆる「文字（テキスト）データ」です。それを地図にすることによって、空間的なイメージを膨らませることができます。地図にあわせ、身近な道具を使って空間を形づくっていく活動を通して、友だちとのコミュニケーション能力や協力する態度を養うことができます。自分たちでつくった「おとぎの世界」を使って、さまざまな動きを体験します。

ベーシック 物語を聞いて（読んで）活動をつくる①

○活動の流れ

物語を聞く・読む………………………テキスト情報

↓

物語をもとに地図をつくる………………視覚的イメージ化（空間構成）
（イメージの共有）

↓

地図にあわせて遊具のレイアウトを考える…イメージの具体化（物の操作）
（共有したイメージの具現化）

↓

実際に遊んでみる………………………心理－運動（イメージと身体活動）の統合化
（実際の共同作業・共同活動）

■ 基本の活動

　「物語を聞く・読む→活動場所をつくる→活動する（実際に遊ぶ）」という一連の活動を通して、動くことに対するモチベーションを高めるとともに、文脈や順序と身体の活動に関する関係性を学びます。

　活動中の「運ぶ」「組み立てる」というプロセスや、「ボールをねらったところに投げる」「キャスターボードを漕いで移動する」といったゲーム遊びの中には、多様な体の動作が含まれています。本書では、2つの活動例を紹介しますが、その他にもさまざまな昔話、おとぎ話を題材に、「ファンタジープログラム」をつくってみましょう。

■ 活動例　〜カリブ海の海賊〜

　カリブ海の海賊の物語（ストーリー）を聞いたり（または読んだり）、「カリブ海の海賊地図」をみたりしてストーリーにあわせた活動をつくります。マットや跳び箱などを使って島をつくったり、ボール、キャスターボードなどを使って実際に遊んだりしてみましょう。このような活動を通して文字やテキストのイメージ、地図や絵のイメージを具体的に感じることができます。

　以下のようなストーリーと地図をみて、ストーリーにあわせた活動場所をつくり、実際に活動してみましょう。

【ストーリー】

　「レッド島」を根城にする海賊たちと、「ブルー島」を隠れ家にする海賊たちがいました。それぞれの海賊たちは、集めたお宝をめぐって、今日も戦いを繰り広げています。敵のお宝を奪って自分の隠し場所に集めましょう。また、自分たちも敵にお宝を簡単に持っていかれないよう大砲で撃退してください。

【地図を示しながら活動の説明】

　ここがレッド島です。ここがブルー島です。島に隠してあるお宝を探します。敵の島で手に入れたお宝を船に積んで自分の島まで持って帰ります。島にいる海賊たちは、それぞれ海賊に運び去られないように、大砲（ボール）で撃退します。お宝（お手玉）が入っている袋を見つけて自分の島に持って帰りましょう。たくさん集めたほうが勝ちです。

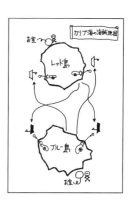

　チーム分けをした後、島の上からボールを投げて撃退する役や船（キャスターボード）に乗ってお宝を取りに行く役割などを決めてください。お宝を入れる箱は跳び箱などを利用すると良いでしょう。

【参考文献】

・安井友康・千賀愛・山本理人『障害児者の教育と余暇・スポーツ——ドイツの実践に学ぶインクルージョンと地域形成』明石書店，pp.203-205，2012.

・流れ

「カリブ海の海賊」のストーリーなどを話します。壁には事前に教師が描いた地図などを貼り出して、「海賊たちのカリブ海での様子」を説明します。チームに分かれたら自分たちで、マット、跳び箱といった運動用具を利用し、地図にあわせて、島（マット）やお宝（お手玉）のある場所などをつくっていきます。

それぞれのチームのお宝（木枠の中に入っているお手玉）を船（キャスターボード）に乗った「海賊」が取りに行き、味方の陣地まで運びます。お宝を守るためにそれぞれの島（マット）から大砲を打って（ボールを投げる）、撃退します。ボールが当たったときは、自分の陣地の島まで戻り、再度出直します。頭にスカーフなどを巻き、海賊の気分を盛り上げても良いでしょう。

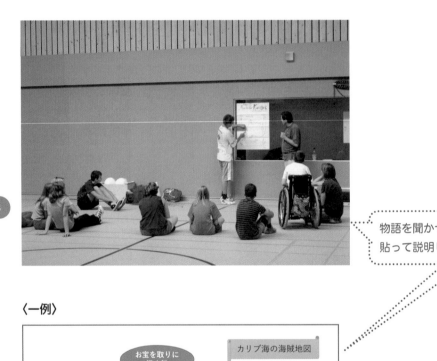

物語を聞かせながら壁に地図を貼って説明します。

〈一例〉

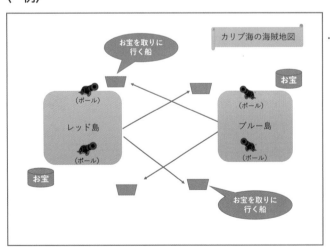

【カリブ海の海賊活動例】

マットやキャスターボードで島や船を自分たちで用意します。共同して運ぶ、イメージにあわせてつくるなどの活動を通して、握る力や持ち上げる力などの筋力の向上にもつながります。

活動空間ができたらいよいよ活動開始です。キャスターボードに寝たり座ったり、引っ張ったり、忍び足をしながら「お宝」を取りに行きます。守る側は、ボールを投げて「撃退」しましょう。能力にあわせて、ボールの柔らかさや大きさを調整します。また、直接投げてぶつけるだけでなく転がしたりしても良いでしょう。

・ルールや活動の工夫

　車いすを利用していたり、麻痺などにより移動に障害のある子どもがいるときは、車いすを船に見立てたり、キャスターボードに乗って移動したりします。自分で移動することが難しい場合は、引っ張ってもらっても良いでしょう。

　当たっても痛くないボールを使うことで、ボールに対する恐怖心が生じないように配慮しましょう。活動中は、相互の体が接触しないように注意すると良いでしょう。

　ボールを上手に投げられない子どもは、転がして当てても良いことにするなどの工夫で、自分なりのやり方で自信を持って活動に参加することができます。

アドバンス　物語を聞いて（読んで）活動をつくる②

■ 活動の工夫

　物語（ストーリー）を聞いて（または読んで）、ピックルやジャグジャグの住むおとぎの国をつくってみましょう。体育館を使ってピックル領地とジャグジャグ領地とに分けます。ホワイトボードや模造紙などを使って、事前に島のレイアウトなどを自分たちで相談するのも良いでしょう。それぞれのグループはマットや跳び箱、ロープ、三角コーン、ペットボトル、キャップや新聞紙など使える用具を利用して、さまざまなコースを工夫してつくります。完成したら、山あり谷ありトンネルありのコースを実際に移動しながら、ごちそうや調味料に見立てたお手玉、ペットボトルなどを取りに冒険の旅に出ます。

　ごちそうや調味料の数は、参加人数にあわせて調整すると良いでしょう。島のレイアウトやコースが完成したら、つくったコースをそれぞれのチームが説明してから、実際に活動してみましょう。

■ 活動例　〜おとぎの国の小人〜

【ストーリー】

　おとぎの国のお話です。広〜い海に囲まれた、2つの島がありました。

　ポロポロ島は、働き者の小人、ピックルたちが住んでいました。島にはトンネルや抜け道、小部屋がありました。

　もう片方のパクパク島には、食いしん坊で大きな巨人、ジャグジャグたちが住んでいました。島には、くねくねと曲がった小道や山がありました。

　食いしん坊のジャグジャグたちは、ピックルの集めた「おいしい秘密のごちそう」を手に入れて、料理をつくるのが夢でした。

　一方、ピックルたちは、ジャグジャグたちの持つ、たくさんの魔法の調味料を手に入れて、料理をつくるのが夢でした。

　今日も秘密のごちそうと魔法の調味料を手に入れようと、ジャグジャグたちとピックルたちが何やら相談しています。

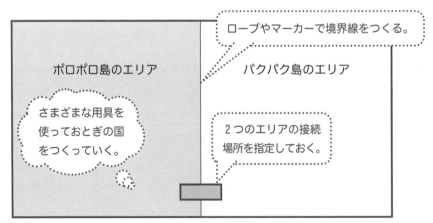

体育館をそれぞれのエリアに分け、物語にあわせてグループで協力して島のレイアウトを考える。

いろいろな用具を使って自分たちでレイアウトを考える。

151

コースと活動の仕方を考える。

・ルールや活動の工夫

　全員が楽しめるように、参加者の能力や体の大きさにあわせたコースづくりができるようにします。ロープやキャスターボードなどを使って、移動するエリアをつくったり、平均台や新聞紙でつくった橋を渡ったりと変化に富んだコースを考えられるように、アドバイスをしてみましょう。特に最初のうちは平面的なレイアウトになりがちなので、高さを上手に使った活動になるよう、空間づくりのアドバイスをすると良いでしょう。

　また、活動を考える際に、例えば「跳び箱を乗り越える」セクションでは「大きく険しい山」に見立てたり、「ロープを並べて跳び越える」セクションでは「川に落ちると大きな魚に食べられてしまう」など、一つひとつの活動に意味や物語性を持たせることによって、参加へのモチベーションを高めるような工夫をします。

　最初の設計（計画）にこだわることなく、用具をみながら空間をアレンジしていく中で、コミュニケーション力や創造的な発想力を引き出すような機会になるようにすると良いでしょう。

❷ ステーション型

配慮の視点

ステーション型のスポーツ授業では、5〜9つ程度の運動課題を同時に設定するため、1人当たりの運動量が増加するだけでなく、子どもたちの順番を待つ時間が少なくなります。これは待つことが苦手な多動傾向のある子ども、見通しが持てないと不安になる発達障害の傾向にある子どもにとっても逸脱行動の機会が少ない活動の形態となります。また、一斉に同じ動きの練習をするのが苦手な子どもも、必要な動作を個別に考えることで、楽しく動きの基本を学ぶことができます。

ねらい

ステーション型の活動は、1つのテーマを持つ単元で子ども同士のペアや小グループが複数の学習方法や課題から構成される「ステーション（駅）」をつくって活動する方法です。体力差・能力差が大きい子どもが活動に参加する際には、有効な方法の1つです。効率的に各種目の基礎的な動きを体験することで、運動の苦手な子どもも自信を持ってゲームに参加できるようになります。少人数で話しあって、活動をつくったり、人に教えたりといった活動を通して、ゲームやスポーツに欠かせない協調性やコミュニケーション力などの基本を身につけます。

ベーシック　いろいろなステーションをつくる

■ 基本の活動

　教師がカードに描かれた複数の課題を用意し、数人で1組になってカードに書かれた用具のセッティングを行ってステーション（駅）をつくります。ステーションの数は、クラスの人数などにあわせてつくると良いでしょう。ここでは8つのステーションを例にして説明します。

　カードには必要な用具の指示、運動方法の絵と活動内容が示されます。各グループは、必要な用具を運んでステーションをつくっていきます。活動の準備ができたら、カードの指示に描かれているとおりに、友だちに活動の見本をみせることができるかどうかを確認します。授業時の各ステーションのレイアウトは、教師が事前に示しておいても良いでしょう。

　教師だけで各ステーションを準備することは限られた授業時間では難しい場合があります。複数の子どもがグループで取り組む課題を、自分たちでつくることで意欲や興味が高まります。さらに、自分たちがつくったステーションの使い方や活動の仕方を友だちに教えることで、友だちに動き方などを伝える体験をすることもできます。例えば、同じ「バスケットボール」という単元であっても、さまざまな運動要素を取り入れることで、子どもによるスキルの個人差にも対応し、子ども同士の教えあいも促すことが期待できます。

　全部のステーションの活動準備が終わったら、全員がそれぞれのステーションに行って活動を行います。一定時間の活動を終えたところで、すべてのグループがローテーションを行います。今回の例では、8回ローテーションを行うと、一巡してすべての活動を体験できます。

■ 活動例　〜バスケットボールの要素につながるステーションカード〜

①フープの中を通してパスをしてみよう。

②跳び箱の上に置いた箱の中に入れてみよう。

③壁に当ててから跳び箱の枠の中に入れてみよう。

④間に置いた「敷居」の上を跳ねるようにパスしてみよう。

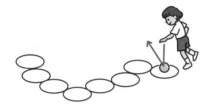

⑤並べたフープの中をドリブルしてみよう。

⑥巧技台をのせた台車を動かしてその上の三角コーンに当ててみよう。

⑦ロープを輪にして床に広げドリブルして一周してみよう。

⑧いろいろなところに置いた三角コーンの間からシュートしてみよう。

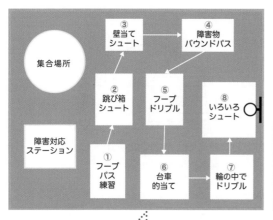

体育館内のステーションのレイアウト

体育館の各ステーションの様子

自分たちで各ステーションをつくる
（⑥台車的当ての風景）

他の生徒に見本をみせる
（⑦輪の中でドリブルの風景）

アドバンス　いろいろな活動でステーションカードをつくる

■ 活動の工夫

　体操、陸上競技、バレーボール、バスケットボールなど各種目の活動要素を絵や写真などにして「ステーションカード」をつくってみましょう。それぞれの学校にある用具と子どもの発達の状況にあわせて、活動を考えると良いでしょう。

　なお、ステーションカードの活動を考える際には、それぞれの種目の持つ運動の要素を、ゲームや遊びの要素に置き換えて考えてみることで、子どもが「遊び」感覚で種目のスキルを身につけることができます。できるだけ楽しい活動になるように工夫してみましょう。

【参考文献】
・安井友康・千賀愛・山本理人『ドイツのインクルーシブ教育と障害児者の余暇・スポーツ――移民・難民を含む多様性に対する学校と地域の挑戦』明石書店，pp.58–63，2019.

③ 吊り遊具

配慮の視点

体育館に登りロープ（登り綱）が設置されているところでは、さまざまな吊り遊具が利用できます。また、肋木の上部にロープなどを結びつけることで、吊り遊具として活用することもできます。握る力や腕や肩回りの筋力が弱い子どもも、楽しく遊びながら力をつけられるようにしていきましょう。また、身体の重さを知覚したり、高さを感じたりすることで概念の形成を促します。安全な環境の中で降りたときの衝撃などを徐々に体験することで、高さの危険性を知ることにもつながります。

また、上肢と下肢を協調させて動かすことで全身のコーディネーションの発達を促します。ダイナミックな揺れる活動でバランス感覚の基礎となる前庭系を刺激することにもつながります。なお、子どもの能力にあわせて、マットなどを敷いて安全に行えるように留意しましょう。

ねらい

握る力が弱い子ども、上肢の挙上運動（腕を上げる運動）を伴う肩関節の動きが硬い子どももみられます。このような力が弱いと、字を書いたり、日常生活で高いところの物を取ったりすることが上手くできないことがあります。ロープやネットを使って体を持ち上げる、身体を支えるという体験を通して、全身の動かし方を学びます。

ベーシック ## 登りロープ（登り綱）を使ってさまざまな動きに挑戦

■ 基本の活動

　登りロープ（登り綱）を使ってさまざまな動きに挑戦します。まずは、つかまってぶら下がります。高さが怖いと感じるときは、低いところにつかまって足を離すだけでも、技の1つとなります。つかまっている時間を少しずつ長くしていきましょう。

　次は少しだけ揺らしてみましょう。そして両腕だけでつかまって、足をぶらぶらさせたり体を揺らしたりしてみましょう。さらに上肢と下肢を使って、一定の高さのところに登ってみましょう。少し高いところにテープなどで固定した風船やハンカチなどを取ってくるという目標をつくることでやる気を引き出します。

　上級者では、ロープからロープへ体を支えて移動するような活動も行ってみましょう。

跳び箱や台を使って、さまざまな高さの課題を設置し、ターザンのようにロープを使って飛び移ってみましょう。身体を伸ばすタイミングや伸ばし方など、体の動きを上手に使ってコントロールすることで、距離、速さ、高さなどの違いを調整する力が身につきます。さらに、ボールやビーンバッグなどを足に挟んで移動したり運んだりする活動も行ってみましょう。

肋木や柵（強度のしっかりしたもの）などにロープを固定して、登る、揺らすなどの活動を行うこともできます。

吊り輪を利用したり、ロープの下端を輪にしたりするなどして、体重を支えやすくします。ロープの下端にロープを結びつけ、いろいろな方向に引っ張ることができるようにします（写真は4方向）。床のマットに広げたハンカチやボール、ビーンバッグなどをそれぞれの方向に振り分けて配置します。

アドバンス　さまざまな吊り下げ遊具

■ 活動の工夫

　複数の吊り輪やロープを結びつけ、その上にマットなどを置いて揺らすことで、さまざまな姿勢で揺れを体験することができます。

複数の吊り輪を結びつけ、その上に大きなマットを置くことで、そこに座って揺れを楽しめます。

ロープネットを上部に固定して吊り下げることで、ネットを登ったり、ネットにつかまって揺れるなどの活動を行います。

④ 乗る・滑る遊具

配慮の視点

乗る・滑る遊具では、床などをスムーズに移動する（少ない運動でスピードを得たりする）、爽快感や心地良さを感じることができます。スピードや方向をコントロールすることを学びながら、安全に楽しめる活動を準備しましょう。

ねらい

スピードや方向の変化にあわせてバランスを保つことができると、安心して移動を楽しむことができます。どのような遊具を使うと安心できるか、どのような環境だと楽しく活動できるかを考え、工夫する力を育てます。

ベーシック ## 安心して乗る・滑る

■ 基本のルール

　安心して乗る・滑ることができる場を設定し、自分のペースで床などを移動できる環境をつくります。乗る・滑ることの不安や怖さを軽減できるように、スピードや方向をコントロールすることに集中させ、活動へ気持ちを向けるように促します。

> いろいろな乗り物（滑る道具）に乗って、さまざまな動き方を試します。乗り物（滑る道具）を替えて、どれだけ違う動きができるか試してみましょう。

アドバンス① コースを工夫して乗る・滑る

■ ルールの工夫

　ベーシックで用意した安心できる場を基本にして、乗る・滑ることのバリエーションを工夫します。屋内でも、さまざまな場の設定にリアリティさを持たせながら、スタートとゴールを決めて移動したり、ジグザグのコースを設定したり、障害物を置いたり、コース内のものを拾い集めたりしながら移動しましょう。

スラローム

草木のトンネルくぐり

物運び

でこぼこ道

【探検ツアー】
「物運び」「スラローム」「草木のトンネルくぐり」「でこぼこ道」
気に入った乗り物（滑る道具）を選んで、住宅街や公園に見立てたコースを探検します。いろいろな物を拾ったり運んだり、障害物を避けたり、草木に見立てた紐のトンネルやでこぼこ道を通ったり、さまざまな移動の仕方を工夫して楽しみましょう。

■ 乗る・滑る遊具（日本で購入できそうなもの）

アドバンス② 雪の環境で滑る

■ ルールの工夫

　雪の特性を活かしながら、スキー（シットスキー）、ソリなどで滑ることのバリエーションを工夫します。さまざまなコースを設定したり、緩やかな坂を活用したり、障害物を置いたり、コース内のものを拾い集めたりしながら滑りましょう。

「スクーターとトレーラー」
スキー（シットスキー）やソリを含めて複数人で移動（滑走）します。スキー（シットスキー）やソリを引っ張ることになれることを目的にしています。

障害物コース

的当て

「障害物コース」「的当て」
スキー（シットスキー）やソリなどで平地や緩い斜面で障害物を避けて移動（滑走）したり、的当てをしたりします。シットスキーの場合は2人1組などで行いましょう。

ゲートくぐり

ボール拾い

頭上タッチ

「ゲートくぐり」「頭上タッチ」「ボール拾い」
スキー（シットスキー）やソリなどで平地や緩い斜面でゲートをくぐったり、ボールなど
（みかんなどいろいろ代用できる）を拾って移動（滑走）します。シットスキーの場合は
2人1組などで行いましょう。

「コブ」「ウェーブ」
スキー（シットスキー）やソリなどで緩い斜
面のコブやウェーブを移動（滑走）します。

おわりに

　本書は、体育教育やスポーツ学習支援の視点、アダプテッド・スポーツの視点、そして作業療法の視点により、誰もが楽しめる体育の授業をつくっていくためのアイディアを詰めこみました。

　本書の企画は『発達が気になる子の学校生活における合理的配慮』（中央法規出版）の中で、作業療法士である筆者（池田）が、子どもたちが体育の授業に参加しやすくなるアイディアを紹介したことから始まりました。

　体育の授業を受ける子どもたちの中には、発達障害や肢体不自由により思いどおりに体を動かすことが苦手だったり、病気などで思い切り体を動かすことが難しかったり、運動や遊びの経験が積み重なっていない子どももいます。

　アダプテッド・スポーツの視点を取り入れることで、運動発達や心と体の状態にあわせて、柔軟に環境、道具、ルールを変化させ、誰もが体を動かすことの楽しさ、心地良さを感じ、気がつけば子どもたちの歓声が溢れる授業をつくることができると思います。

　また作業療法の視点を取り入れることで、発達の特徴にあわせた日常生活に役立つ体の動かし方、"やってみたい"という気持ちを大切にしたスモールステップでの取り組み方を工夫し、子どもたちの運動や活動を遂行する力を引き出すことができると思います。

　さらに本書では、明日からすぐに授業の中で実践できるように、学校で準備しやすい用具を活用したアイディアや、各単元での評価の視点についても紹介しています。これまで体を動かすことが難しく記録係や得点係などを頑張ってきた子どもたちが、チームメイトと一緒に楽しく体を動かすことができる授業を、明日からすぐに実践していただきたいと思います。

　本書で目指す体育の授業は、"子どもたちの歓声が溢れる授業"、"子どもたちが考えて選択できる授業"です。決められた場所で、決められたルールで、決められた動きを繰り返すのではありません。どこで運動するか、どのようなルールにするか、どのような動き方ができるか、アイディアを出しあい、実際に体を動かしながら選択できる授業を、先生と子どもたちが協力してつくっていく、新しい体育教育にぜひチャレンジしてください。

2022 年 9 月　池田千紗

■執筆者紹介

池田千紗
（いけだ・ちさ）

北海道教育大学札幌校特別支援教育専攻准教授。
2010年より一視同仁会札樽・すがた医院リハビリテーション部にて発達障害児の個別作業療法、小集団療育に携わる。2014年に博士号（作業療法学）を取得し、北海道教育大学札幌校特別支援教育専攻特任講師を経て2017年より現職。外部専門家として特別支援学校・特別支援学級・通級指導教室・通常学級への支援や、特別支援教育に携わる教員の養成を行っている。2019年に特別支援教育士スーパーバイザーを取得。主な著書は『発達が気になる子の脳と体をそだてる感覚あそび──あそぶことには意味がある！作業療法士がすすめる68のあそびの工夫』（共著、合同出版）、『発達が気になる子の学校生活における合理的配慮──教師が活用できる 親も知っておきたい』（共著、中央法規出版）他。所属学会「日本作業療法士協会」「北海道作業療法士会」「日本アダプテッド体育・スポーツ学会」「北海道特別支援教育学会（理事）」「日本LD学会」等。

安井友康
（やすい・ともやす）

北海道教育大学札幌校特別支援教育専攻教授。
1987年より神奈川県の知的障害児者支援施設にて支援員として勤務。1992年北海道教育大学岩見沢校講師を経て2003年より現職。1998年より日本パラスポーツ協会公認、障がい者スポーツ指導員養成講習会の講師、2010-2017年には同協会技術委員の他、自治体の特別支援教育専門家チームやパラスポーツ普及事業等の各種委員を務める。また、地域の障害児者のスポーツや身体活動の実際の臨床的支援に取り組んでいる。主な著書は『身体意識ムーブメント』（編著、コレール社）、『事例で学び，実践にいかす障害者福祉』（編著、保育出版）、『障害児者の教育と余暇・スポーツ──ドイツの実践に学ぶインクルージョンと地域形成』（共著、明石書店）、『ドイツのインクルーシブ教育と障害児者の余暇・スポーツ──移民・難民を含む多様性に対する学校と地域の挑戦』（共著、明石書店）他。所属学会「日本アダプテッド体育・スポーツ学会（会長）」「アジアアダプテッド体育・スポーツ学会（副会長）」「国際アダプテッド身体活動連盟（アジア地区代表役員）」等。

山本理人
（やまもと・りひと）

北海道教育大学岩見沢校教授。
1989年より学校法人高井学園日本社会体育専門学校に専任講師として着任。1998年北海道教育大学岩見沢校講師を経て2014年より現職。保健体育科教員及びスポーツ指導者の養成に関わるとともに、外部専門家として地域スポーツクラブの育成にも携わっている。主な著書は『スポーツプロモーション論』（分担執筆、明和出版）、『障害児者の教育と余暇・スポーツ──ドイツの実践に学ぶインクルージョンと地域形成』（共著、明石書店）、『小学校の体育授業づくり入門』（編著、学文社）、『教科教育学シリーズ⑥体育科教育』（分担執筆、一藝社）、『スポーツと君たち──10代のためのスポーツ教養』（分担執筆、大修館書店）、『ドイツのインクルーシブ教育と障害児者の余暇・スポーツ──移民・難民を含む多様性に対する学校と地域の挑戦』（共著、明石書店）。所属学会「日本体育・スポーツ・健康学会（体育社会学専門領域評議員）」「日本体育科教育学会（理事）」「日本アダプテッド体育・スポーツ学会」等。

合理的配慮にも活用できる！
アダプテッドスポーツで誰もが主役の楽しい体育

2022 年 11 月 1 日発行

著　者 ························· 池田千紗・安井友康・山本理人
発行者 ························· 荘村明彦
発行所 ························· 中央法規出版株式会社
〒 110-0016
東京都台東区台東 3-29-1　中央法規ビル
TEL 03-6387-3196
https：／／www.chuohoki.co.jp/

装幀・本文デザイン ····· タクトデザイン
イラスト ····················· あべまれこ
印刷・製本 ················ 株式会社太洋社

定価はカバーに表示してあります。
ISBN978-4-8058-8778-3

本書の内容に関するご質問については、下記 URL から「お問い合わせフォーム」にご入力いただきますようお願いいたします。
https：／／www.chuohoki.co.jp/contact/